LETTRES
À UN JACOBIN.

LETTRES À UN JACOBIN,

OU

RÉFLEXIONS POLITIQUES

SUR

LA CONSTITUTION D'ANGLETERRE,

ET

LA CHARTE ROYALE,

CONSIDÉRÉE DANS SES RAPPORTS AVEC L'ANCIENNE CONSTITUTION DE LA MONARCHIE FRANÇAISE.

SECONDE ÉDITION.

PARIS,

ADRIEN ÉGRON, IMPRIMEUR DE SON ALTESSE ROYALE MONSEIGNEUR, DUC D'ANGOULÊME, rue des Noyers, n° 37.

DELAUNAY, LIBRAIRE, AU PALAIS-ROYAL.

1816.

AVERTISSEMENT.

Ces Lettres étaient adressées à un Jacobin aussi exalté qu'incorrigible ; elles ont été écrites sous la dernière usurpation de Buonaparte, durant laquelle ce génie malfaisant a jeté, parmi nous, plus de semences de discorde, que son long despotisme n'en avait étouffé. La courte durée de son pouvoir n'a pas permis de les publier avant sa chute, et le mal qu'il a fait, survivant à son auteur, on a pensé que cette publication pouvait encore avoir quelque objet d'utilité.

On a cru devoir supprimer la première Lettre, qui n'avait rapport qu'à l'individu auquel ces Lettres avaient d'abord été adressées : celles qu'on donne au public n'ont éprouvé, par le retour du Roi, que de bien faibles changemens.

Elles traitent :

1°. De la souveraineté du peuple, soit qu'on

prétende l'établir sur le droit naturel, sur la force du peuple, ou sur la supposition d'un pacte, ou contrat antérieur à la société;

2°. De l'impossibilité où se trouve un peuple nombreux d'exercer aucun acte de sa prétendue souveraineté, et de l'absurdité des conséquences tirées de ce faux principe;

3°. Du véritable objet de tout gouvernement, et de la nécessité, pour accomplir cet objet, d'employer des moyens très-différens, suivant la population et l'étendue des états; des principes d'un gouvernement représentatif dans un état comme la France;

4°. De la pairie héréditaire; des avantages que l'Angleterre retire de sa constitution, et des causes pour lesquelles cette même constitution établie en France, par la Charte de Louis XVIII, a obtenu parmi nous si peu de succès.

A l'époque où ces Lettres ont été écrites, cette dernière question devait nécessairement être traitée d'une manière très-incomplète.

Le ministère n'était certainement pas étranger à ce non-succès, moins encore à l'état d'inanition et de faiblesse dans lequel était tombée l'autorité royale aussitôt après sa restauration; mais la plupart de ses membres étaient alors fugitifs, proscrits, dépouillés de toute autorité; il eût donc été aussi peu généreux que sans objet de signaler les torts qu'ils avaient eus. On ne croit pas devoir réparer aujourd'hui cette omission. Si la marche actuelle du ministère paraît devoir inspirer sur l'avenir des craintes non moins graves que celles que le passé n'a que trop justifiées, c'est au Corps-Législatif, qui va s'assembler, qu'il appartient d'exercer une censure légitime sur la conduite politique de ce ministère.

Le prétendu acharnement de la noblesse et du clergé à défendre ses priviléges, étant le prétexte constant dont se servent les agitateurs pour nourrir parmi nous les défiances, et renouveler nos sanglantes dissensions, on a placé en appendice à ces Lettres une notice sur l'ancienne constitution française, trop long-temps méconnue, qui prouve non seulement qu'il n'appartenait à la noblesse et au clergé aucun privilége, mais que loin de vouloir les défendre, avant même la révolution, ces deux ordres n'en réclamaient aucun.

LETTRES

LETTRES A UN JACOBIN.

PREMIÈRE LETTRE.

De la Souveraineté du Peuple, comme principe ou droit naturel, comme résultant soit de la force du Peuple, soit d'un contrat ou pacte antérieur à la société.

Je commencerai, Monsieur, par examiner le principe de la souveraineté du peuple, non dans les états populaires et démocratiques, ce qui ne fait pas de question; mais comme un droit commun à tous les peuples, et pour tous également imprescriptible.

Je me suis souvent demandé comment avait pu naître et s'accréditer parmi nous une pareille erreur, et je ne vois, pour me l'expliquer, que la profonde ignorance, caractère distinctif de notre siècle, qui se qualifie le siècle de lumières.

J'avouerai qu'à aucune époque ce que l'on nomme esprit ne fut plus commun ; que jamais tant de notions superficielles, tant d'idées imparfaites ne furent plus généralement répandues. Au petit nombre d'esprits supérieurs qui, sous le règne de Louis XIV, formaient, en quelque sorte, une classe à part parmi leurs contemporains, a succédé une foule innombrable d'écrivains médiocres ; on dirait que la masse de génie et de talens, alors concentrée dans quelques têtes fortes, se trouve maintenant presqu'également répandue sur la génération présente ; mais tout cet esprit, ces demi-connaissances ne nous sont d'aucun usage, et peuvent, tout au plus, servir d'aliment à une conversation frivole, parce qu'elles ne sont point le fruit de nos propres réflexions ou de notre étude : elles ne sont point *nôtres* ; elles n'ont en nous-mêmes aucune racine ; elles nous ont été transmises par la simple communication, avec d'autres qui les avaient aussi reçues de la même manière ;

elles ne peuvent rien produire ni de bon ni de vrai, et ne sont pour nous qu'une nouvelle source d'erreur.

Ce qu'il y a de plus remarquable, c'est qu'avec l'espèce d'éloignement que nous avons pour toute occupation sérieuse, nous ayons presque abandonné la littérature, qui ne demande que de l'esprit et du goût, pour nous jeter dans les profondeurs de la politique. Il est bien vrai que la politique et le droit public, de nos jours, se trouvent dégagés de toutes ces savantes et ennuyeuses recherches; tous leurs principes sont maintenant puisés dans la *saine raison*, la *raison éternelle* et le *droit naturel*. Science commode autant que sublime, en ce qu'on la possède toute entière en soi-même; qu'on l'apporte en naissant, et que ces principes sont autant d'axiômes qui peuvent se passer de preuves.

C'est sur ces autorités irréfragables que se fonde la souveraineté du peuple; que l'on établit que tous les rois, sans exception, sont des mandataires révocables, et que toute nation peut, à son gré, changer ses institutions, ses lois, la forme de son gouvernement, fussent-elles consacrées par des siècles.

Ces principes, Monsieur, ont, depuis vingt-cinq ans, coûté à l'Europe, et particulièrement à la France, tant de crimes, de sang et de larmes, que, fussent-ils vrais, ce serait un devoir de s'efforcer de les replonger dans l'oubli; mais j'espère parvenir à prouver, jusqu'à l'évidence, qu'ils sont aussi faux que dangereux.

Le prin- pe de la uveraine- du peuple : peut se nder sur droit na- rel.

Les grands mots ne changent point la nature des choses : cette *saine raison*, cette *raison éternelle*, que l'on invoque avec tant de faste, à l'appui de la souveraineté du peuple, n'a que nous pour interprètes; c'est la faible et trompeuse part de jugement que chacun de nous a reçue en partage; c'est l'opinion individuelle et presque toujours opposée, de vous, de moi ou de tel autre : pour qu'elle fût de quelque poids en faveur de la prétendue souveraineté du peuple, cette opinion devrait être générale, universelle, de tous les temps et de tous les pays ; mais permettez-moi de vous le dire, il y a une contradiction par trop ridicule à présenter un principe comme la conséquence nécessaire, ou plutôt comme la simple expression de la *raison éternelle*, et à la fois comme une découverte qui doit immortaliser notre siècle.

Quant au *droit naturel*, j'avoue que je n'en connais pas ; je dirai plus, il n'en existe point. Je sais que le souverain auteur de toutes choses a gravé dans le cœur de l'homme des sentimens naturels, tels que l'amour des pères pour leurs enfans, le respect de ceux-ci pour les auteurs de leurs jours, la bienveillance pour ses semblables, la pitié pour tout être souffrant, quelques principes aussi, tel que celui de ne pas faire aux autres ce que nous ne voudrions pas en souffrir ; de leur faire tout le bien que nous voudrions en recevoir ; mais, Monsieur, quelques sentimens et quelques principes ne forment point un corps de droit ; si, néanmoins, il vous convient de lui donner ce nom, du moins ne sera-ce jamais que le code de l'état de la nature, inapplicable à l'ordre social. Vous ne pouvez l'invoquer pour établir la *souveraineté du peuple*, pour déterminer une forme quelconque de gouvernement, puisque, dans l'état de nature, il n'existe ni peuple, ni souveraineté, ni gouvernement ; que dans cet état, l'idée que nous attachons à ces mots ne peut pas même se concevoir.

Soit qu'on le considère sous le rapport des personnes, ou sous le rapport des choses, l'état de civilisation et de société n'est pas seulement différent, il est le contraire absolu de l'état de nature.

Ce dernier est un état d'indépendance entière ; chaque famille, ou même un individu, y forme un tout complet et isolé. Les facultés personnelles, la force physique, l'intelligence, le courage ou l'adresse déterminent seuls ce que l'homme peut ou ne peut pas.

Dans l'ordre social, au contraire, l'homme n'existe plus que comme membre plus ou moins important de la société. Dans ce nouvel état, ses qualités personnelles, morales ou physiques, ne lui sont souvent d'aucun avantage ; l'être le plus faible peut y commander à une multitude d'individus, dont chacun en particulier est infiniment plus fort, et quelquefois plus habile que lui.

A l'égard des choses, l'opposition n'est pas moins prononcée. Le fondement de toute association civile est le droit de propriété ; or, ce droit qui attribue à un seul individu la jouissance exclusive et la pleine disposition d'une étendue de terre suffisante pour nourrir cent ou même mille familles, tandis que celles-ci manquent du nécessaire, est certainement ce que l'on peut imaginer de plus diamétralement contraire à l'égalité naturelle.

En un mot, la force ou l'adresse règle tout, décide de tout dans l'état de nature, tandis que, dans l'ordre social, tout est soumis à des lois positives.

Non seulement il n'existe, de droit naturel, ni souveraineté, ni aucune forme de gouvernement; mais jamais l'ordre social n'est plus parfait qu'autant qu'il éloigne davantage l'homme de l'état de nature ; qu'autant que chaque individu s'y dépouille plus parfaitement du *moi* personnel, pour ne plus se considérer, pour ne plus exister que comme membre de la société dont il fait partie : et c'est en atteignant si parfaitement ce but, que quelques législateurs de l'antiquité ont montré toute l'étendue et la profondeur de leur génie.

Il n'existe donc aucune forme de société de droit naturel, et néanmoins l'état de société est naturel à l'homme. Sorti nu des mains de la nature, sans armes pour attaquer ni se défendre, l'homme seul et isolé serait, de tous les êtres, le plus faible : ce n'est qu'en se réunissant à ses semblables, qu'il entre en possession de l'empire de l'univers qui lui fut destiné. La parole, cet attribut particulier à son espèce, démontre mieux encore cette vocation. Ce moyen terme de toutes nos pensées, et celui à l'aide duquel nous pouvons les communiquer aux autres, nous approprier leurs idées, le fruit de leurs découvertes ou de leurs expériences, sans la société serait un don presque inutile. Il en est de l'ordre social comme de la parole : le langage est naturel à l'homme, et cependant il n'existe aucun idiôme déterminé par la nature. Et remarquez, je vous prie, la parfaite analogie qui existe entre l'ordre social et la parole, qui en est à-la-fois le principe et le lien : l'un et l'autre, quoique également propres à l'homme, sont d'institution humaine; l'un et l'autre, quoique d'institution humaine, ne sauraient être l'objet d'une convention, d'une création soudaine, mais sont l'œuvre des siècles et nous sont transmis par nos pères. La législation, comme le langage, se forme insensiblement; les mots, comme les lois, se créent à fur et à mesure de nos besoins et de nos idées; la législation et le langage prennent la teinte des mœurs et du caractère national, et les perpétuent; enfin, ce n'est que par leurs langues et leurs institutions particulières, que les nations existent et se distinguent entre elles.

Cette souveraineté ne peut également se fonder ni sur la force du peuple, ni sur la supposition d'un contrat ou pacte antérieur à la société.

Je le répète, Monsieur, l'ordre social est naturel à l'homme ; mais il n'y a pas plus de forme de gouvernement, ni par conséquent de souveraineté, que de langage déterminé par la nature.

Vous me direz que vous n'avez nul besoin d'invoquer le droit naturel pour établir la souveraineté imprescriptible du peuple ; qu'il suffit que, dans l'état de nature, il existe une égalité parfaite entre les hommes ; que mille individus soient dix fois plus forts que cent, et mille fois plus forts qu'un seul, pour que, toutes les fois que vous apercevez une immense population obéir à un très-petit nombre, et, à plus forte raison, à un seul homme, il vous soit clairement démontré que cette dépendance a été volontaire dans son origine ; qu'elle n'a pu avoir d'autre source que le consentement libre du peuple ; et comme ce même peuple, quel que soit l'ordre de choses établi, conserve toujours cette supériorité de force, selon vous le principe et la source de la souveraineté ; il conserve perpétuellement, par là même, le droit de la reprendre, de l'exercer à son gré et de changer l'ordre établi.

Je vous ferai d'abord observer, Monsieur, qu'il n'est point vrai que les hommes soient égaux dans l'état de nature ; la force, le courage ou l'adresse mettent entre les individus autant et plus de différence que ne peut en introduire l'ordre social, puisque dans l'état de nature, le faible sans appui se trouve entièrement à la discrétion du plus fort.

Il ne saurait exister aucune société d'hommes, sans qu'au même instant il ne s'y introduise une sorte d'inégalité entre eux. Dans notre état actuel de civilisation, où les avantages de la force physique et morale paraissent avoir si peu d'influence, où les aspérités du caractère naturel se trouvent si fort adoucies par l'éducation, les relations sociales, et, si l'on peut s'exprimer ainsi, par le continuel frottement des individus les uns contre les autres, vous trouverez à peine trois hommes de la même classe réunis par une société habituelle et journalière, sans que l'un d'eux ne s'arroge sur les deux autres un ascendant marqué, une autorité véritable; et vous voulez supposer une égalité parfaite, une complète indépendance entre quelques centaines ou quelques milliers d'hommes appartenant à la nature brute et sauvage! Vous voulez supposer que cette multitude a pu s'accorder avec calme, liberté et discernement sur le choix de ses supérieurs ou de ses chefs, sur la forme de son gouvernement! Et moi, Monsieur, fort de l'expérience de tous les temps et de tous les pays, j'ose vous déclarer que, quelque peu nombreux que vous supposiez un rassemblement d'hommes dans l'état de nature, ne comptât-il que quelques individus, il reconnaît déjà un chef, dont l'autorité n'est point fondée sur le libre consentement de ceux qui obéissent, mais sur des droits réels et légitimes, ceux que donnent les liens du sang, ou la supériorité de lumières et d'intelligence.

J'ajouterai que l'histoire nous apprend qu'un petit nombre d'hommes habitués aux armes, soumettront sans peine un peuple mille fois plus nombreux de tranquilles cultivateurs qui n'en connaîtront pas l'usage. Le chef de ces guerriers régnera de plein droit sur les vaincus, ses compagnons partageront son autorité, que les uns et les autres transmettront à leur race. Voilà donc un principe de la souveraineté très-indépendant du choix et de la volonté du peuple; et comme il n'existe pas aujourd'hui une seule nation qui n'ait été plus d'une fois subjuguée, et n'ait reçu une forme de gouvernement imposée par le vainqueur, il est bien inutile de se livrer à l'hypothèse d'un pacte ou contrat social, pour expliquer le principe de l'ordre établi et de la puissance publique chez toutes les nations modernes. Tous les documens de l'histoire nous apprennent que c'est le droit de conquête et l'effet d'une force étrangère, et non le consentement des peuples ; mais le temps a effacé tout ce que ce principe pouvait avoir d'injuste et de violent dans son origine ; confondant par la suite les vainqueurs avec les vaincus, pour n'en plus faire désormais qu'un même peuple soumis aux mêmes lois, le temps a légitimé la puissance.

C'est parce que la multitude vous paraît avoir une énorme supériorité de force sur celui ou sur ceux qui la commandent, qu'il n'y a que son consentement volontaire qui puisse vous expliquer sa dépendance; cette dépendance, sans ce consentement, vous paraît un phénomène inexplicable. Votre erreur vient de ce que vous confondez la force matérielle du grand nombre avec la puissance morale du gouvernement. Sans doute que la force physique d'une innombrable population est bien supérieure à la force physique de ceux qui la commandent ; mais, Monsieur, la souveraineté vous paraît-elle donc devoir être le prix d'une lutte au *pugilat ?* Le gouvernement n'appartient-il pas à la supériorité de raison ou de lumières ? L'empire de l'homme sur les animaux vous paraît-il illégitime ? ou pensez-vous que l'homme ait un autre titre à la domination qu'il exerce sur des animaux incomparablement plus forts que lui ?

C'est précisément parce que la masse du peuple est douée d'une force immense, mais aveugle, qu'elle ne peut pas être le principe de la souveraineté. Une nation qui se compose d'une multitude d'individus, forme néanmoins un tout unique, un corps politique, un véritable être moral soumis aux lois générales de la nature à l'égard de tous les êtres animés ; or, l'existence de tout être animé, sans aucune exception, dépend de la réunion de deux élémens, la force matérielle qui agit, l'intelligence qui lui commande ; sans cette réunion, tout animal est incomplet et ne peut subsister par lui-même : l'homme le plus fort, dépouillé de raison, un animal dépourvu de l'instinct qui lui est naturel, seraient également incapables de pourvoir à leur conservation.

Ces deux élémens qui, par leur union, forment l'existence de tous les êtres animés, sont d'une nature trop différente pour que l'un puisse être le principe de l'autre; de ce que nos membres font notre force, de ce que nous n'agissons que par leurs moyens, vous n'en conclurez pas sans doute qu'ils soient le principe de notre volonté à laquelle ils obéissent. Il en est de même du corps politique; la souveraineté en est l'âme; les peuples, qui sont les membres de ce corps, ne sauraient être le principe de la souveraineté, dont l'emploi, au contraire, est de contenir les excès et de régler l'usage de sa force. La subordination et la dépendance du peuple est donc tout aussi nécessaire, tout aussi indispensable au maintien de la société que celle des membres à la conservation de notre corps. Ce n'est pas parce que le peuple l'a voulu qu'il obéit, mais parce que sans cela la société, ni parconséquent le peuple ne saurait exister. Le peuple n'est ni le principe ni la source des pouvoirs; mais il en est à la fois la matière, l'instrument et l'objet; c'est-à-dire que c'est sur lui, par lui et pour lui que le gouvernement doit agir.

Dire que les dépositaires de la souveraine puissance ne doivent s'en servir que pour l'utilité et le plus grand bien de ceux qui leur sont soumis, c'est énoncer une vérité morale aussi juste qu'utile; mais l'erreur est d'en faire un principe de droit public, pour attribuer au peuple la libre disposition de la souveraineté; la folie est de prétendre que tous ceux qui gouvernent sont les délégués de ceux qui leur obéissent.

On ne délègue point la souveraineté, Monsieur; il n'est point donné au peuple d'en disposer arbitrairement, non plus que de changer à son gré l'ordre établi. La raison humaine, comme l'instinct des animaux, suit dans son développement l'accroissement successif des organes; de même la souveraineté, le gouvernement, se forme, se compose, se modifie suivant l'accroissement lent et progressif du corps politique. Ainsi que tous les êtres animés les nations sont filles du temps, leur berceau celui d'une ou plusieurs familles dont le père ou les anciens furent les premiers magistrats. Quelquefois aussi il est arrivé que des hommes extraordinaires, par l'ascendant de leur génie, sont parvenus à réunir une peuplade sauvage; en lui donnant quelques idées imparfaites de la divinité, d'un culte religieux et des arts de première nécessité, ils l'ont fixée dans l'enceinte d'une faible bourgade. Un petit nombre de lois de convention ou même d'usages, simples comme les mœurs, suffit long-temps à ces sociétés naissantes; mais la population s'augmentant insensiblement, les institutions civiles suivirent les mêmes progrès; on écrivit les lois sur des tables; elles se multiplièrent par la suite, et reçurent chaque jour quelques modifications, les changemens qu'exigeaient les circonstances; tant qu'à la fin, il existe autant de différence et tout aussi peu de rapport entre ce peuple et son premier âge, qu'entre un vieillard et son enfance, sans que dans l'un ni dans l'autre, on puisse assigner l'époque d'un changement essentiel dans sa manière d'être, à moins que, chez ce peuple, ce changement n'ait été l'effet d'une invasion étrangère ou d'une commotion intérieure, et dans cet homme l'effet d'une maladie ou d'un accident.

Il serait insensé de vouloir changer les idées, les principes, les habitudes, les préjugés d'un homme qui a vécu un demi-siècle; mais amener un peuple antique et nombreux à changer brusquement ses lois, ses mœurs, ses institutions, la forme de son gouvernement, l'est bien davantage. Une pareille entreprise de la part de ce peuple est aussi extravagante, non moins impossible et plus dangereuse que celle de vouloir tout-à-coup changer sa langue pour s'en créer une nouvelle.

Vous êtes un militaire très-distingué, Monsieur; souffrez que je vous demande si à la vue d'une armée de cent mille hommes, obéissant à quelques officiers, et ceux-ci à un général, il vous est jamais venu dans la pensée, je ne dirai pas que ces chefs fussent les délégués des soldats qu'ils commandaient, mais seulement que cette hiérarchie d'obéissance et d'autorité pût être l'ouvrage ou seulement l'effet du consentement de cette multitude de soldats, parce qu'en eux réside la force? Vous n'avez sûrement pas balancé un instant à croire qu'une organisation aussi parfaite ne pouvait exister que parce qu'un prince, un souverain, également supérieur au général, aux officiers et aux soldats, avait assigné à chacun sa place, son rang et ses fonctions. Et si l'on vous eût annoncé qu'il s'agissait de dépouiller, le même jour, le général, les officiers et sous-officiers de toute autorité, et de charger les soldats eux-mêmes de se réorganiser à leur gré, vous eussiez été justement effrayé d'un projet aussi extravagant, et sans doute vous auriez prévu d'avance que jamais cette aveugle multitude ne parviendrait à établir ni discipline, ni subordination, ni aucun ordre de choses raisonnable.

Voilà pourtant, Monsieur, ce que vous, et les réformateurs qui professent votre doctrine, avez fait, non sur une armée de cent mille hommes, mais sur une nation de vingt-cinq à trente millions d'individus. C'était un prince qui avait organisé l'armée qui vient de me servir d'exemple; mais une puissance bien supérieure à tous les princes, la suprême et invisible intelligence elle-même avait organisé la noble et antique monarchie que vous avez renversée : car cette intelligence suprême qui, quand il lui plaît, dispose si soudainement des nations, qui élève ou abaisse à son gré les empires, et d'un souffle les fait disparaître, dans l'ordre ordinaire de ses décrets abandonne à la sagesse des siècles l'exercice de sa puissance sur les peuples; c'est au temps qu'elle a confié le soin de pourvoir à leurs divers besoins, de donner aux nations, comme à tous les êtres, l'accroissement, la figure et les formes qui conviennent à leurs différens âges. Il agit sur les pleuples comme sur les individus indépendamment de leur volonté ou de leur consentement; il est leur souverain législateur; il étend ou resserre les bornes de la puissance publique, la partage, ou la concentre suivant les circonstances; il opère insensiblement dans leurs lois, leurs institutions, leur gouvernement, les modifications qu'exigent les changemens survenus dans les mœurs, la population et l'étendue du territoire. Le temps, sans doute, amène aussi des abus qu'il est permis de réformer, mais en y procédant comme lui avec sagesse, lenteur et discrétion: vouloir brusquement tout changer, tout refondre, est une entreprise aussi folle qu'inutile; car, pour les peuples comme pour les individus, rien ne peut supplér aux effets du temps, comme aussi rien ne saurait les détruire; il n'est pas plus possible de rappeler un peuple antique et nombreux qu'un vieillard aux formes de sa première enfance.

Les hommes ne se forment qu'avec l'âge, et les nations ne sont que ce que les siècles qu'elles ont vécu les ont faites. Douez un vieillard d'un sixième sens, ou rendez-lui celui dont il avait été privé jusqu'alors, il mourra avant d'en avoir appris l'usage. Donnez à un peuple soumis, depuis un temps immémorial, à une autorité absolue, des idées de liberté, inspirez-lui la passion de se gouverner lui-même, et vous êtes sûr de le livrer à l'anarchie : car l'usage de la liberté, que vous regardez comme si naturelle à l'homme, est pour lui, ainsi que je le prouverai par la suite, la science la plus difficile à acquérir, celle qui exige de sa part le plus long apprentissage.

Les peuples soumis aux gouvernemens les plus despotiques changent souvent de maître sans songer jamais à changer leur situation. Cette conduite qui nous étonne, qui excite notre mépris, est bien plus naturelle qu'elle ne nous le paraît. Ils se trouvent heureux, puisqu'ils ne conçoivent pas la possiblilité d'un autre ordre de choses que celui sous lequel leurs pères ont vécu et eux-mêmes ont été élevés ; ils le sont réellement, parce que la nombreuse classe du peuple souffre bien peu des caprices du despote ; les grands seigneurs seuls sont esclaves, tandis que la multitude jouit d'autant de liberté personnelle que le peuple sous les gouvernemens les plus modérés, et supporte de bien moindres charges. Il n'en est pas ainsi, il est vrai, dans les états où la population se trouve réduite à la condition de serf ; mais prêcher la liberté dans ces pays, et vous serez étonné de voir la majeure partie du peuple préférer la servitude à laquelle ils sont accoutumés, à cette liberté qu'ils ignorent ; ou si vous en faites des prosélytes, c'est qu'ils ne verront dans la liberté que la licence ; ils commenceront par massacrer leurs maîtres, s'emparer de leurs établissemens, dévaster leurs propriétés, et par là même se prépareront de nouvelles chaînes.

Je crois avoir suffisamment établi, Monsieur, que votre prétendue souveraineté du peuple ne pouvait se fonder sur le droit naturel ; que la force aveugle, résultant de la masse du peuple, ne pouvait en être le principe ; et enfin, que l'hypothèse d'un contrat, ou pacte social, qui aurait déterminé la forme de la société et constitué la puissance publique chargée du gouvernement, était une de ces vaines et fausses théories démenties par tous les monumens de l'histoire des nations modernes. Je pourrais donc me dispenser de prouver que les conséquences que vous tirez de vos principes ne sont pas plus justes que vos principes eux-mêmes ne sont vrais ; que votre système impraticable ne tend qu'au bouleversement de la société : mais telle est la fatale importance que les maux qu'elle nous a causés ont attachée à votre doctrine, qu'il n'est pas permis d'omettre un seul moyen d'en démontrer l'erreur.

J'ai l'honneur d'être, etc.

SECONDE LETTRE.

De l'absurdité des conséquences tirées du faux principe de la souveraineté du peuple, et de la prétendue existence d'un contrat social considéré comme principe et fondement de toutes les sociétés humaines.

Je crois avoir précédemment établi, Monsieur, la fausseté du principe de la souveraineté du peuple, soit que vous prétendiez le fonder sur le droit naturel, la force résultante de la masse du peuple, ou enfin sur l'existence d'un prétendu contrat ou pacte social originaire. J'ai montré que la supposition de ce contrat social n'était qu'une chimère, un système démenti par l'histoire de tous les peuples modernes. J'ajouterai que la question sur l'origine des sociétés ne saurait être, entre nous, d'aucun intérêt : il est assez indifférent, en effet, de savoir si lorsque tout un peuple n'était composé que de quelques centaines d'individus, ce petit nombre d'hommes étaient entre eux d'une égalité parfaite, si tous se sont accordés volontairement, avec une égale liberté et influence, à convenir du gouvernement sous lequel ils voulaient vivre. Ces questions hypothétiques et abstraites, auxquelles la curiosité de quelque savant peut attacher du prix, ne sont aujourd'hui d'aucun intérêt politique, parce qu'en supposant l'existence de ces premières conventions, nous avons d'autres lois qui nous régissent.

Ce sont les conséquences que vous tirez du système que vous vous êtes fait sur le principe des sociétés, qui font tout le danger de votre doctrine. Après avoir bien gratuitement supposé que toute société avait pour principe la libre et volontaire détermination du peuple, vous en concluez qu'il a constamment le droit d'abolir à son gré l'ordre établi, pour lui en substituer un autre. Après avoir faussement supposé qu'il a librement et volontairement délégué le pouvoir à ceux qui le gouvernent, vous en concluez qu'il a, par là même, le droit de le reprendre et d'en disposer autrement.

J'ai pris, Monsieur, l'engagement d'établir que votre doctrine, fondée sur de faux principes, l'était encore sur un plus mauvais raisonnement; et pour montrer la contradiction manifeste qui se rencontre dans votre système, il me suffira de rapprocher vos principes des conséquences que vous en tirez.

Absurdi[té] des cons[é]quences t[i]rées du fa[ux] principe [de] la souv[e]raineté [du] peuple.

C'est parce que, selon vous, le peuple est censé avoir bien volontairement contenti le gouvernement actuel; c'est parce que ce gouvernement a ainsi le seul caractère de légitimité que vous admettiez, que vous en concluez que le peuple a le droit de le détruire.

C'est parce que vous supposez que tout monarque héréditaire tient originairement sa puissance du peuple, qui l'a transmise volontairement à l'un de ses aïeux et à sa race, que vous en concluez que le peuple, quand il lui plaît, a le droit de détrôner son prince; car il ne s'agit pas ici d'une déchéance qu'il aurait encourue pour avoir violé les conditions auxquelles il tenait la couronne; il s'agit, dans votre système, d'un droit absolu, imprescriptible et dont l'exercice, en tout temps, ne dépend que de la seule volonté du peuple.

Certes, Monsieur, j'ai bien le droit de m'élever contre votre raisonnement, et de vous demander comment il se fait que ce soit précisément de la cession libre et volontaire de la souveraineté faite par le peuple au monarque et à ses descendans à perpétuité, que résulte pour lui la faculté de l'en dépouiller, suivant son caprice!

Prétendriez-vous que les peuples ne sont jamais liés par leurs engagemens? Vous détruiriez le fondement de toute relation politique: tout traité de paix, d'alliance ou de commerce deviendrait dès-lors impossible.

Prétendriez-vous que les pactes, que les traités qui, de nations à nations, doivent être sacrés, n'ont plus ce même caractère d'une nation à son prince, parce qu'étant son propre ouvrage, il n'est jamais à son égard qu'un simple citoyen ?

Ce serait poser d'étranges principes sur la bonne foi, que de faire dépendre la force des engagemens les plus solennels de la qualité de celui envers qui on les contracte. Au surplus, un tel principe n'aurait pas même son application dans le cas dont il s'agit. Un simple citoyen, devenu prince légitime par le choix de sa nation, aurait dès-lors pour elle le caractère auguste et politique dont il jouirait à l'égard des puissances étrangères ; car il ne saurait avoir d'existence au-dehors que par celle dont il jouit dans ses propres états.

Prétendriez-vous enfin que tous les pouvoirs résidant dans le peuple, comme dans son principe et son unique source, le peuple, par là même, ne peut jamais les aliéner irrévocablement ? et que les dépositaires de la puissance publique, à quelque titre qu'il l'exercent, ne peuvent être considérés que comme de simples mandataires, comme des délégués irrévocables à volonté ?

Il s'ensuivrait, dans ce cas, l'impossibilité absolue de l'existence d'une monarchie héréditaire ; tous les trônes seraient par là même électifs ; bien plus, aucun roi ne pourrait être élu pour sa vie, mais conditionnellement et seulement tant qu'il plairait au peuple.

Voilà, Monsieur, où conduit votre doctrine de souveraineté du peuple à l'égard des princes : résultat absurde autant que dangereux, puisqu'il est connu que tout changement de prince qui n'a pas l'hérédité légitime pour principe, est pour une nation l'époque des plus longues et des plus sanglantes convulsions.

Cependant le pouvoir qu'en vertu de sa prétendue souveraineté vous attribuez au peuple de changer ses lois, ses antiques institutions, la forme de son gouvernement, aurait de bien plus terribles conséquences, et je montrerai que l'inutile essai que toute grande nation tenterait pour user de ce droit amenerait infailliblement l'entière dissolution de la société.

J'ai dit, précédemment, Monsieur, que tout état formait un corps politique, un véritable être moral assujéti à la loi commune de tous les êtres animés, soumis comme eux à un accroissement lent et insensible, comme eux aussi composé de membres plus ou moins importans, suivant les différentes fonctions qu'ils ont à remplir.

Impos bilité o trouve peuple n breux changer forme son gou nemer

De cette seule conformité résulte dejà une première preuve de l'impossibilité de rien changer de fondamental et d'essentiel à l'ordre présent de la société, sans s'exposer à la dissoudre. L'existence du corps politique tient à son organisation actuelle, ainsi que celle des animaux tient à leur conformation. Dans l'un et dans les autres vous ne pouvez retrancher leurs principaux membres, sans courir le risque de leur faire perdre la vie.

Les membres du corps politique sont de différente nature. Je ne m'occuperai point pour le moment, de ceux qui appartiennent à la puissance politique ; je ne considérerai dans une nation qu'elle-même, que les inégalités qui se trouvent entre les citoyens d'une même patrie, l'inégalité des conditions et des rangs, et celle des fortunes.

La première de ces inégalités tient presque entièrement à l'opinion : une inclination naturelle, ou, si vous l'aimez mieux, un préjugé, mais ce qui est bien remarquable, un préjugé généralement admis partout où l'esclavage n'a pas lieu, accorde une considération particulière, un rang distingué dans l'état, aux familles que l'on suppose descendre des premiers chefs de la nation, à celles dont les auteurs se sont distingués par de grands services, ou seulement dont les individus ont occupé de grandes places durant plusieurs générations.

La seconde inégalité, bien plus réelle, bien plus sûre, plus prononcée, tient au droit de propriété.

La garantie de ce droit est le premier et

principal objet de toute association civile. Qui pourrait, en effet, se déterminer à défricher péniblement un sol dont il ne serait pas assuré de recueillir les fruits? à construire une maison, s'il n'avait pas la certitude de l'habiter? Mais de cette garantie elle-même dérive bientôt l'inégalité dans les fortunes et l'entière expropriation de la très-grande majorité des individus : les uns se trouvant forcés de partager l'héritage de leurs pères entre un grand nombre d'enfans; les autres réunissant sur leur tête les biens de plusieurs de leurs ascendans ou de leurs collatéraux : les uns n'usant du droit de propriété garanti par les lois, que pour aliéner, tandis que les autres s'en servent pour acquérir, il en résulte que toute grande nation n'est composée que d'un petit nombre de propriétaires, et d'une multitude innombrable de gens sans propriétés.

Cette inégalité de condition et de fortune entre les habitans d'un même sol, les enfans de la même patrie, amène bientôt entre eux une inégalité morale peut-être encore plus tranchante ; car, quoiqu'il ne soit nullement vrai que les lumières et les autres qualités morales suivent la progression du rang et de la fortune, et que l'expérience prouve au contraire que l'excès des honneurs et des richesses corrompt ; que la sagesse, la modération et la vertu sont ordinairement le partage de l'honnête médiocrité, il est du moins incontestable que la nombreuse et dernière classe, dont toutes les idées sont concentrées dans les moyens de s'assurer chaque jour sa subsistance, est grossière, ignorante, crédule et facile à séduire, incapable d'avoir, hors du cercle de ses occupations mécaniques, un avis éclairé, et bien moins encore sur une question politique.

Maintenant, Monsieur, c'est à vous qui professez la doctrine de la souveraineté imprescriptible du peuple, qui prétendez qu'il a dans tous les temps le pouvoir le plus entier, le plus absolu, de changer à son gré la forme de son gouvernement, ses lois, ses institutions sociales, et enfin que tout ce qu'il veut est juste et légitime, par cela seul que telle est sa volonté ; c'est à vous que je demande de déterminer comment doit s'y prendre une grande nation pour changer l'ordre de choses sous lequel elle existe actuellement ?

Et d'abord, comment obtiendrez-vous l'expression exacte, juste et légitime de son vœu? car je vous suppose de trop bonne foi pour regarder comme tels aucun des moyens par lesquels on est parvenu à faire sanctionner au peuple français sept à huit constitutions différentes, ou même opposées.

Ensuite, à qui appartiendra l'initiative d'une proposition de ce genre ? car vous n'imaginez pas, sans doute, qu'une nation de vingt-cinq à trente millions d'hommes puisse un beau matin s'accorder spontanément pour renoncer à la fois à ses mœurs, ses lois, ses usages, son gouvernement ; et puisqu'elle en a, suivant vous, le droit imprescriptible, il faut aussi que quelqu'un ait le droit imprescriptible de la provoquer à l'exercice de cet acte de sa puissance, sans quoi cette puissance elle-même serait illusoire et chimérique.

Je passe néanmoins sur ces premières et insurmontables difficultés, et je vous demande comment vous partagerez le pouvoir absolu que vous attribuez au peuple, entre les différentes classes qui le composent, et qui, ainsi que je l'ai observé, ont entre elles des mœurs, des caractères, et surtout des intérêts si opposés, particulièrement dans la circonstance présente, où les uns doivent tendre à détruire pour acquérir, et les autres à maintenir pour conserver ?

Observez que si vous excluez un seul individu de la nombreuse classe des gens sans propriété, si vous accordez la plus légère prépondérance aux propriétaires dans cette délibération, vous tombez dans une contradiction manifeste avec vos principes ; car alors ce serait les choses et non les personnes que vous appelleriez à voter ; ce ne serait plus dans le peuple proprement dit que résiderait le pouvoir absolu ; et souffrez, dans cette hypothèse, que je prenne contre vous-même la défense de vos principes et que je vous demande les motifs de l'injustice dont vous usez envers la classe sans propriété.

Serait-ce sa profonde ignorance ? mais l'immense majorité des propriétaires est d'une ignorance non moins entière, non moins absolue sur les fondemens de l'ordre social, sur les bases de la prospérité des empires, que le plus grossier des artisans ; d'ailleurs, d'après votre doctrine, il importe peu que les votans manquent de sciences et de lumières, parce qu'il n'est pas question d'établir de bonnes lois, de sages institutions, ni un gouvernement raisonnable, mais seulement un ordre de choses qui ait l'assentiment du peuple, puisque, selon vous, la volonté du peuple est la suprême loi et même la seule loi légitime.

Serait-ce pour ménager quelque garantie

aux propriétés ? mais ce projet ne serait pas seulement en opposition avec vos principes, il serait attentatoire à la toute-puissance imprescriptible du peuple.

Dans votre système, l'existence d'une nation, d'un gouvernement, suppose toujours et nécessairement l'existence d'un pacte, d'un contrat social par lequel cette nation s'est volontairement constituée sous la forme du gouvernement établi. Tout autre principe serait illégitime.

Dans votre système, le peuple n'est jamais lié irrévocablement par rien de ce qu'il a fait ou sanctionné ; il peut à son gré changer ses lois, toutes ses institutions ; en un mot se replacer au point dont il est parti au moment de la formation de la société.

Cela posé, je demande pourquoi le même peuple qui a pu originairement constituer l'ordre actuel qu'il s'agit de détruire, sans connaître le droit de propriété (car ce droit appartient tout entier à l'ordre social, et sans doute que l'effet n'a pas précédé la cause) serait maintenant dans l'obligation d'avoir une propriété, pour user du pouvoir imprescriptible qui lui appartient ?

Je demande de quel droit, en ménageant d'avance une garantie illicite aux propriétés qui sont de pure convention, vous vous permettriez de soustraire à l'autorité du législateur suprême une institution purement sociale ?

Remarquez d'ailleurs, je vous prie, que si vous ne tenez pas à toute la rigueur de vos principes, que si vous avouez, une fois, que le peuple n'a pas le pouvoir de porter atteinte aux propriétés, vous restreignez dans de bien étroites bornes la puissance de ce souverain absolu que vous nous présentez revêtu d'une autorité qui ne doit en connaître aucune autre que sa volonté.

En effet, Monsieur, si le peuple souverain ne peut porter aucune atteinte aux propriétés particulières, si elles sont pour lui inviolables et sacrées, il vous faudra nécessairement admettre, comme sacrés et inviolables, tous les droits réels, utiles et honorifiques; car le droit de passage que ma ferme, ou mon manoir, a sur la terre de mon voisin, la redevance en argent ou en grains, que, comme possesseur de ce manoir ou de cette ferme, j'ai le droit de prélever sur son champ, sont une propriété absolument de même nature que la sienne.

En vain, en remontant à la première origine de la supériorité d'un fonds sur un autre, vous vous refuseriez à y voir une condition de l'abandon de la propriété; en vain vous prétendriez la chercher dans l'abus de la force sur la faiblesse, l'attribuer à la conquête des Francs, ou à l'oppression féodale : ces faits historiques et politiques sont ici sans aucune application; les droits des possesseurs de ces deux fonds de terre ne remontent point si haut; ils sont l'un et l'autre également étrangers aux conquérans et aux vaincus, aux oppresseurs seigneuriaux et aux vassaux opprimés; il s'agit ici de droits purement réels, auxquels la condition du propriétaire ne saurait rien changer : celui du fief supérieur peut être de la caste la plus commune, et celui du sol assujéti de la caste la plus distinguée. En un mot, ces deux fonds de terre sont de simples propriétés qui ont été vendues, ont changé cent fois de mains, depuis que l'un est devenu dominant, et l'autre grevé de servitude. Pour régler avec quelque justice les droits respectifs de ces deux propriétaires, c'est au titre en vertu duquel chacun possède qu'il convient d'avoir recours; or, soit que le fonds aujourd'hui grevé de servitude et de redevance ait été transmis à son possesseur actuel par acquisition, ou lui soit échu en partage dans la succession de ses auteurs, il est certain qu'il ne l'a acquis ou reçu qu'avec l'obligation d'acquitter ses charges et redevances; il est certain que ces charges et redevances ont proportionnellement diminué le prix pour lequel ce fonds lui a été vendu ou cédé : il ne l'est pas moins que le possesseur du fonds dominant a tenu compte de la valeur réelle de ces mêmes redevances, et qu'il en a payé le prix en sus de la valeur intrinsèque de son fonds.

Le peuple, s'il n'a pas l'entière et libre disposition de toutes les propriétés particulières, ne pourrait donc, sans se rendre coupable de la plus révoltante spoliation, porter aucune atteinte à celle-ci et supprimer aucune de ces redevances ou servitudes; tout son pouvoir se bornerait, en supposant que la dépendance d'une glèbe envers une autre glèbe fût onéreuse et nuisible à l'agriculture, à les anéantir; mais de la même manière et aux mêmes conditions qu'il est permis à tout autre souverain de disposer des propriétés des particuliers pour l'avantage public, je veux dire au moyen d'une juste et équitable indemnité.

Mais observez, Monsieur, que ce ne serait point encore là les seules limites que vous seriez obligé de reconnaître à la toute-puissance absolue du peuple: si vous aviez la faiblesse d'accorder qu'il doit porter respect aux propriétés particulières, il faudrait de plus, pour être juste et conséquent, admettre pareillement qu'il ne peut priver aucun ordre de citoyens du rang dont il jouit.

Il est de principe que tout droit quelconque, de quelque nature qu'il soit, est pour celui qui en jouit, une véritable propriété, une propriété légitime, quand le droit dont il s'agit se trouve fondé sur les lois et sanctionné par une longue possession; et sans doute qu'un rang, des honneurs ou prééminences payés du prix de son sang ou de celui de ses auteurs, ou bien reçus à titre de récompenses d'autres grands services rendus à la patrie, ne vous paraîtront ni moins respectables, ni moins sacrés qu'un chétif fonds de terre que j'ai acheté à prix d'argent, ou qui, ayant été acquis par mes pères, m'a été transmis par succession.

Le peuple souverain ne pourra donc également toucher aux distinctions honorifiques existantes entre les citoyens, mais tout au plus supprimer les priviléges onéreux au public que l'on aurait pu y attacher.

Ainsi, par cela seul que vous admettriez

que le peuple est tenu de respecter les propriétés particulières, ce prétendu souverain absolu, imprescriptible, ne pourrait réellement rien changer au mode essentiel de son existence actuelle, et vous seriez obligé de borner son pouvoir à la faculté d'opérer quelque réforme dans l'ordre de son administration intérieure, et tout au plus l'étendre à celle de détrôner la famille régnante, mesure aussi inutile qu'elle est dangereuse.

Vous voilà donc, Monsieur, pour ne pas trahir votre doctrine, démentir vos principes, forcé d'en revenir à accorder au peuple proprement dit, c'est-à-dire à chaque individu indistinctement, une influence égale, quels que soient son rang, ses lumières et ses moyens, et à la fois de lui reconnaître les moyens de déroger à toutes les institutions sociales : et dès-lors le résultat ne sera pas douteux. Vous verrez la spoliation de tous les grands propriétaires, leur proscription et celle de tous les hommes d'un rang distingué; vous verrez, durant quelque temps, la plus complète dissolution de la société. Puis d'une longue et sanglante anarchie sortira une sorte d'organisation sociale, mais bien inférieure à celle qu'on aura détruite, par cela seul que l'invincible force des choses ramènera cette nation à son ancienne forme de gouvernement : les personnes seules auront changé, et il est rare que l'on gagne à ce changement. Toute habitude de subordination s'étant perdue durant les troubles, le nouveau monarque sera forcé de conduire le peuple avec une verge de fer. La nouvelle aristocratie ou noblesse, car une monarchie ne saurait s'en passer, n'ayant pas, comme l'ancienne, le prestige de l'antiquité, aura du crédit et de la fortune, sans obtenir aucune considération ; et cependant, durant plusieurs générations encore, il subsistera, dans le sein de cette nation, des principes de fermentation, de troubles et de nouvelles révolutions, d'autant plus menaçans, que la souveraineté du peuple, reconnue en principe et consacrée de fait, doit continuellement faire craindre qu'un nouvel acte de sa toute-puissance, aussi légitime que le premier, ne vienne renverser l'ordre récemment établi.

Tels seront constamment les effets de votre doctrine, Monsieur, toutes les fois qu'on aura l'imprudence de vouloir la réduire en pratique; et notre triste expérience, d'accord avec le raisonnement et les vrais principes, démontre la folie de votre prétendue souveraineté du peuple.

Il est donc vrai que, dans chaque état particulier, la souveraineté appartient à qui la constitution de cet état l'attribue; et qu'il faut admettre pour légitime tout gouvernement quelconque, fondé sur les lois et consacré par le temps : je n'en excepte pas même ceux qui sont despotiques.

Vous me direz que les peuples ne peuvent pas, comme de vils troupeaux, appartenir à un seul homme. Les peuples, Monsieur, peuvent être légalement la propriété d'un seul homme : cela dépend des institutions qui, chez ce peuple, ont réglé l'état des personnes et le droit de propriété. Car ne perdez pas de vue que la question qui nous occupe, n'est pas de savoir si un pareil gouvernement est bon, mais s'il est légitime. Un tel gouvernement serait sans doute détestable; mais s'il est ainsi constitué, s'il a reçu la sanction du temps, ce gouvernement est bien certainement légitime. Que le peuple, soumis à un pareil joug, le brise, il fait en cela usage de sa force, ou, si vous voulez, une heureuse conquête, mais il n'use pas d'un droit, il viole au contraire le droit établi.

Me permettrez-vous, à cette occasion, de vous soumettre mes idées sur l'esclavage? Comme vous je l'ai en horreur; mais cette haine commune que nous éprouvons ne serait-elle pas plutôt l'effet du degré de civilisation où nous sommes parvenus, et surtout de l'influence de la morale du christianisme, qu'un sentiment purement naturel? Ce qui pourrait le faire croire, c'est que l'esclavage a été généralement établi chez tous les peuples de l'antiquité ; c'est qu'il existe encore aujourd'hui dans la majeure partie du monde connu. Les peuplades errantes de l'Amérique, plus près de la brute nature, ne le connaissent point, il est vrai ; mais ils massacrent et dévorent leurs prisonniers ; ce qui est beaucoup moins humain et moins naturel. Doutez-vous que s'ils abandonnaient leur vie errante, que s'ils se fixaient sur un territoire pour le cultiver, ils n'abandonnassent pas également la barbare coutume de massacrer leurs prisonniers, et que leur propre intérêt ne leur apprît bientôt qu'il vaut mieux les laisser vivre et s'en servir? L'établissement de l'esclavage, qui nous paraît si justement odieux, est peut-être le premier pas de l'adoucissement des mœurs de l'homme sauvage vers la civilisation. Quant à l'influence de la religion chrétienne sur son abolition parmi nous, je ne pense pas que l'on puisse la révoquer en doute ; il est incontestable du moins que les plus anciens conciles ont frappé d'excommunication, dont ils ne pouvaient être relevés même à leur mort, les maîtres dont l'esclave aurait péri par la rigueur de leurs mauvais traitemens, crime atroce et que les lois civiles avaient jusque-là laissé impuni. Enfin vous conviendrez que durant cette barbare et à jamais détestable époque où notre patrie avait abjuré la religion de nos pères et s'était laissé aller à rendre un culte honteux à la raison humaine, presque tous les individus des classes les plus distinguées de la nation ont été, sans respect d'âge ni de sexe, réduits à une condition pire que celle des Ilotes.

Au reste, Monsieur, vous refusez-vous à appeler légitime un gouvernement fondé sur des lois et une longue exécution ? Ne voulez-vous regarder comme tels que ceux-là seulement qui assurent le bonheur des peuples ? j'y consens ; mais vous n'y gagnerez rien en faveur de votre prétendue souveraineté du peuple ; car alors un gouvernement sera légitime, non parce qu'il est représentatif, non en proportion de ce que

Conclus

le peuple aura médiatement ou immédiatement une plus grande influence; mais en proportion de ce qu'il assurera mieux la prospérité publique. En un mot, un gouvernement ne sera plus qu'une cause, qu'un moyen dont il ne sera permis de juger du mérite que par ses effets.

Rendre heureux les peuples qui lui sont soumis, entretenir l'ordre public, procurer l'abondance et la paix parmi ses sujets; les protéger et les défendre contre toute agression étrangère, tel est en effet le but exclusif de tout gouvernement.

Ce principe admis entre nous, Monsieur, (et quel être serait assez insensé pour contester son évidence!) les moyens d'atteindre ce but feront le sujet de la suite de ces lettres.

J'ai l'honneur d'être, etc.

TROISIÈME LETTRE.

De la Forme de Gouvernement qu'exigent les divers Etats, suivant leurs différentes populations et étendue.

Des Principes du Gouvernement représentatif dans un Etat comme la France.

QUELQUE différence qu'il y ait, Monsieur, entre nos opinions politiques, il est du moins un principe que je crois pouvoir regarder comme convenu entre nous, savoir : que le plus grand bien de la société est le but essentiel et exclusif de tout gouvernement. Ce principe suffit pour que le champ de nos débats ultérieurs sur le mérite des diverses constitutions, repose désormais sur un sol plus réel et plus solide.

Il ne peut être question de juger du mérite d'une constitution, d'après son analogie plus ou moins parfaite avec les principes d'une vaine et fausse théorie ; mais seulement d'après ses effets. Nous tiendrons pour excellente toute forme de gouvernement qui procure la prospérité de l'Etat, et nous aurons pour règle et pour guides les leçons de l'histoire, l'exemple de tous les peuples et notre propre expérience.

Nous abandonnerons pour jamais la route de nos modernes législateurs qui, appliquant uniquement leurs soins à ménager à une plus nombreuse section du peuple français, une plus grande influence dans le gouvernement, sont tombés dans l'erreur de l'ouvrier qui, dans la confection d'une montre, s'appliquerait à atteindre une certaine perfection idéale, sans s'inquiéter si, ainsi construite, elle pourra indiquer les heures.

Enfin nous ne perdrons jamais de vue que l'objet essentiel, l'objet exclusif de tout gouvernement est

1°. De rendre heureux les gouvernés ;

2°. De les protéger et les défendre contre les attaques au dehors.

Mais en quoi consiste essentiellement la prospérité intérieure d'un Etat ? Voilà sur quoi il convient d'abord d'arrêter ses idées ; car depuis trente ans on n'a travaillé qu'avec trop de succès à égarer les peuples sur leurs intérêts véritables, et en leur inspirant des désirs impossibles à satisfaire, on les a éloignés du bonheur réel auquel ils avaient droit de prétendre.

Ainsi que je l'ai déjà dit, Monsieur, la prospérité d'un Etat ne tient nullement à ce qu'un plus graud nombre d'individus ait une part plus ou moins directe au gouvernement ; mais au bonheur de la généralité de la population. Une nation est heureuse toutes les fois que chaque famille, chaque individu se trouvent également protégés dans leurs personnes et leurs propriétés ; que les propriétaires et les riches ne sont assujétis qu'à des impositions équitables et modérées ; que les pauvres, qui n'ont que leur travail pour vivre, n'en sont pas seulement affranchis, mais sont gratuitement nourris et soignés dans leurs infirmités ou leur vieillesse. Une nation est heureuse lorsque chacun a le choix d'embrasser telle ou telle profession, ou de se livrer à tel ou tel genre d'industrie ; lorsque chacun a la liberté de vivre et d'agir comme il lui convient, pourvu qu'il ne trouble point l'ordre public ; enfin, la liberté d'aller, de venir, de transporter ses établissemens où il lui plaît, sans être assujéti à l'obligation d'obtenir aucune permission ni passe-port ; et tel était, on ne peut le nier, l'état dont on jouissait en France, avant qu'on eût songé à la régénérer.

Mais tous ces avantages ne peuvent exister que sous un gouvernement à la fois juste et fort, ferme et modéré, en état de maintenir la tranquillité publique, premier bien de la société et sans lequel tous les autres disparaissent.

Nous ne pouvons l'avoir oublié ce que souffre une nation en proie aux dissensions politiques. Il n'est pas une famille, pas un individu qui n'en soit atteint ; il n'est pas un seul asile, pas un abri pour se mettre à couvert de cette sanglante combustion. Les liens les plus chers se trouvent rompus; la nature outragée dans ce qu'elle a de plus respectable; les concitoyens, les parens, les frères s'égorgent entre eux. Tout principe de justice, d'humanité, de morale sont détruits; le langage lui-même se dénature; les mots n'ont plus aucun sens. Chaque parti érige en crime les actions les plus naturelles et les plus louables, ou prostitue le nom de vertu aux actions les plus criminelles et les plus atroces.

Tel est, nous le savons, l'effrayant tableau qu'offre une nation sans gouvernement: mieux vaudrait cent fois habiter les forêts, exposé aux bêtes féroces, qu'au milieu d'un pareil peuple.

De la fo[rme] de go[u]vernem[ent] qui co[n]vient a[ux] divers ét[ats].

Mais, Monsieur, pour prévenir à jamais cette complette dissolution de l'ordre social; pour que le gouvernement ait toujours la force et les moyens d'obtenir l'obéissance aux lois, de maintenir l'ordre et la tranquillité publique, il faut, selon l'étendue du territoire, une plus ou moins nombreuse population, employer des moyens différens et souvent même opposés ; de là cette variété de gouvernemens presque tous également bons, ou également détestables, suivant les circonstances où les nations qui leur sont soumises se trouvent placées. De là aussi une nouvelle preuve de l'absurdité du principe de la souveraineté imprescriptible du peuple, dont la conséquence serait la nécessité rigoureuse de leur donner à tous indifféremment la même forme de gouvernement.

Ainsi que je l'ai précédemment établi, il n'existe aucune forme de gouvernement, de droit naturel : l'organisation du corps politique est à la fois l'œuvre du temps et de l'intelligence humaine ; mais dans cette création le temps n'agit point au hasard et la puissance de l'homme n'est point arbitraire. Elle est soumise à des règles invariables dont il est impossible de s'écarter. J'ai déjà fait remarquer l'analogie qui existait entre le corps politique et les êtres animés ; j'ajouterai maintenant que les divers corps politiques paraissent soumis aux lois générales que suit la nature à l'égard de tous les animaux, dont l'organisation physique est toujours plus simple en proportion de leur plus grande masse. Nous sommes en effet frappés d'étonnement de la multitude et de la diversité des membres d'un insecte que nous ne pouvons apercevoir qu'avec le secours d'une loupe ; tandis que l'organisation de tous les animaux d'une certaine proportion est généralement remarquable par sa simplicité.

De même les gouvernemens démocratiques, dont l'action dépend du concours d'une multitude d'individus, ne conviennent qu'à de bien petits états. Jamais il n'exista une république de vingt-cinq millions d'hommes. La liberté des citoyens de Rome et de quelques grandes républiques anciennes, l'anarchie de Pologne, à laquelle, de nos jours, on donnait ce nom, tenait essentiellement à ce que plus des quatre-vingt-dix-neuf centièmes de la population était esclave ou sujet de la plus oppressive domination. Par cela seul qu'une ingénuité générale est aujourd'hui la loi commune de la partie de l'Europe que nous habitons, il ne peut exister de démocratie dans ces belles contrées, que dans des états aussi bornés que le sont les petits cantons de la Suisse, et toute nation nombreuse et puissante ne peut se passer d'une organisation simple de la puissance publique.

La France n'a fait qu'une trop cruelle expérience de la vérité de ces principes. Jamais aucun pays ne fut opprimé par une tyrannie à la fois plus vile et plus atroce que celle qu'elle a endurée sous le nom de République, et l'on peut dire, avec vérité, qu'elle n'est devenue habitable, que les Français n'ont commencé à respirer, que lorsque le despotisme d'un seul, le plus absolu, le plus oppressif, le plus arbitraire, qui peut-être ait jamais existé, est venu remplacer le gouvernement populaire; tant il est vrai que le premier besoin des peuples est la tranquillité intérieure.

Du gouvernement d'une grande nation.

Notre propre expérience, d'abord avec celle de tous les temps et de tous les pays, nous apprend donc qu'il faut, pour entretenir l'ordre, une police exacte, protéger les personnes et les propriétés, forcer l'obéissance aux lois, conserver enfin l'accord et l'ensemble entre toutes les parties, soumettre un vaste empire à une autorité très-énergique non partagée, dont les déterminations soient promptes et l'exécution des ordres rapide. Pour que cette autorité puisse remplir son objet, elle doit être plus étendue en proportion d'un plus grand territoire et d'une plus nombreuse population. Le pouvoir du monarque, si nécessaire, dans ce cas, à la tranquillité intérieure, doit, dans l'ordre ordinaire, affaiblir la force extérieure de cet empire; mais cet inconvénient est lui-même un avantage réel, parce que la force extérieure, dans un Etat bien constitué, doit être purement défensive, et que la seule masse de cet empire suffit pour le faire respecter de ses voisins.

Si, pour donner à cet Etat un plus grand ascendant politique au dehors, on lui sacrifiait la force publique chargée de veiller au dedans; si, au lieu d'y placer un monarque puissant, on établissait un gouvernement populaire, l'Etat éprouverait toutes les horreurs de l'anarchie.

Entre des provinces séparées par d'aussi grandes distances, dont les intérêts diffèrent autant que le climat, les productions, le génie et quelquefois même la langue de leurs habitans, quelle autorité pourrait tenir la balance? Chaque représentant, exclusivement attaché à la province qui l'aurait délégué, ne soupçonnerait pas même ceux des autres parties de l'empire, voudrait les faire prévaloir; et un décret n'aurait pas plutôt terminé les orageux débats des représentans, que des démêlés bien plus graves, et souvent des guerres sanglantes, diviseraient les différentes provinces.

Que l'on joigne à ces désordres, suite nécessaire du choc de tant d'intérêts divers, unis à tant de forces différentes, tous ceux qu'entraînent l'intrigue, l'ambition, la soif du pouvoir, qui n'ont jamais un plus haut degré d'exaltation que dans les grands rassemblemens d'hommes, et l'on n'aura qu'une idée bien imparfaire des troubles, des dissensions et des guerres intestines qui résulteraient du gouvernement partagé de cette grande nation.

D'un autre côté, la trop grande énergie de la force extérieure qu'on lui aurait ménagée aux dépens de sa tranquillité et de son bonheur, n'entraînerait pas après elle moins de calamités. Cette force extérieure, dont l'objet ne doit être que de défendre, de conserver, servirait bientôt pour attaquer et conquérir; car, dans une nation, l'abus est toujours à côté du pouvoir. Celle-ci, déjà si puissante par ses avantages naturels, deviendrait, par l'effet de sa constitution, l'effroi de ses voisins; et dès-lors il se formerait contre elle une ligue capable de lui enlever cette supériorité politique à laquelle on aurait tout sacrifié : mais dût-elle la conserver cette supériorité, dût-elle ne compter toujours que des triomphes, son gouvernement trahirait encore son objet; il coûterait des torrens de sang et de larmes à ceux qu'il était appelé à rendre heureux.

Du gouvernement qui convient aux plus petits états.

Un état resserré dans d'étroites limites au contraire, étant exposé à des dangers d'un autre genre, demande une autre forme de gouvernement. Toutes les parties de cet état étant rapprochées, ayant le même intérêt, tous les individus les mêmes mœurs, il n'existe aucun de ces germes de dissension si multipliés dans un vaste empire; les fortunes étant plus bornées, l'avarice et l'ambition ayant peu d'objets qui les tentent, et l'intrigue bien moins de moyens, la puissance et la force intérieure, pour y maintenir l'ordre et la paix, n'ont pas besoin d'une grande énergie. La lenteur des mesures, suite nécessaire des délibérations, cesse même d'être ici un inconvénient; l'assemblée souveraine, ayant immédiatement sous ses yeux tout le pays qu'elle doit gouverner, peut facilement prévenir les insurrections et les troubles, qu'il n'est pas toujours facile de prévoir dans un grand empire; et qu'il convient de réprimer par l'action prompte d'une grande force.

L'ambition de ses voisins, voilà le véritable danger qui puisse menacer un petit Etat. Sa constitution ne saurait donc lui prêter une trop grande force extérieure, parce que sa faiblesse, en la lui rendant nécessaire pour se défendre, ne permet pas d'en abuser pour attaquer, et le gouvernement républicain, qui peut s'allier avec sa tranquillité au dedans, est aussi le seul qui puisse suppléer à l'insuffisance de sa force extérieure; car la liberté qui livre les grandes nations quand elles se laissent égarer à sa poursuite, à tous les genres de désordres et de maux, n'offre que des bienfaits aux peuples assez peu nombreux pour lui rendre un véritable culte. De toutes les passions, elle est celle qui exalte davantage le cœur de l'homme, et qui le porte le plus facilement aux grandes choses. La part qu'ont les citoyens aux affaires publiques les leur rend, en quelque sorte, personnelles. L'intérêt de l'Etat devient ainsi l'intérêt de chaque famille, et les guerres étrangères, la querelle particulière de chaque citoyen; enfin, l'influence d'un gouvernement républicain bien organisé sur un peuple peu nombreux, est telle, qu'il serait quelquefois plus facile de le détruire que de l'asservir.

Les bornes que je me suis prescrites, Monsieur, ne me permettent pas d'indiquer ici les genres particuliers de gouvernement qui conviennent aux différans états, suivant leurs divers degrés de force; il suffit à la question qui nous occupe d'avoir montré que, si toutes les constitutions doivent tendre au même but, ce n'est que par des moyens variés qu'elles peuvent y atteindre; il suffit d'avoir indiqué la forme de gouvernement qui convient aux grandes nations et celle qui est propre aux plus petits peuples. On sentira aisément que la constituion des Etats placés entre ces deux extrêmes doit être mixte, qu'elle doit se rapprocher plus ou moins de la monarchie absolue ou de la république populaire, en proportion d'une plus ou moins grande étendue de territoire, d'une plus ou moins nombreuse population.

Il est donc vrai que toute grande nation qui voudra se constituer en république, pour prix de ses inutiles efforts, ne recueillera jamais que le trouble et l'anarchie ; il faudrait, pour que cette tentative eût quelque succès, commencer par réduire plus des dix-neuf vingtièmes de sa population à l'état d'esclave, ce qui, assurément, ne serait ni libéral, ni philantrope.

Il est donc vrai que, chez cette grande nation, l'ingénuité générale des personnes, la garantie des propriétés et la tranquillité publique, ne peuvent exister qu'à l'ombre et sous la protection d'un monarque puissant et respecté.

Mais il ne suit pas de là qu'une grande nation soit réduite à se courber sous le joug d'un pouvoir purement arbitraire. Si une grande autorité dans son prince importe au maintien de l'ordre public, il n'importe pas moins au bonheur du peuple que cette autorité connaisse ses bornes ; et, à cet égard, le seul objet de discussion qui puisse exister entre nous, ne portera que sur les moyens de contenir l'autorité du prince dans de justes limites.

Des principes du gouvernement représentatif dans un état comme la France.

Comme vous, j'admets en principe qu'une représentation nationale est le seul moyen d'y parvenir; mais je pense que, dans un Etat comme la France, la représentation nationale exige impérieusement :

1°. Des précautions particulières dans sa composition ;

2°. De sages bornes dans ses pouvoirs.

Quel doit être le nombre des membres de l'assemblée représentative ?

Quelles seront les conditions requises pour être éligible ?

Quelles doivent être les qualités pour être électeur ?

Telles sont les questions que nous avons d'abord à examiner.

Je ne m'arrêterai point sur la première ; il suffit d'observer qu'il convient que la Chambre des Représentans soit assez nombreuse pour avoir le sentiment de sa force, et point assez pour nuire au calme et à la sagesse des délibérations.

Quant aux conditions requises pour être éligible, je pense qu'il devrait suffire d'être Français, et âgé de vingt-cinq ans. L'obligation d'habiter tel ou tel département, de posséder telle propriété, ne me paraît pas seulement superflue, mais un véritable contre-sens ; personne ne pouvant être admis dans la représentation nationale en son nom personnel, tous ses membres n'étant que de simples mandataires, leurs droits, par là même, ne doivent dépendre que de la légitimité du mandat qui fait leur titre. Leur imposer aucune autre condition serait gêner la liberté des choix. Il faut que les électeurs d'un département puissent élire un individu qui leur est étranger, mais qui leur est connu par les talens et les principes qu'il aurait précédemment développés dans la Chambre comme représentant d'un autre département, ou dans quelque autre fonction publique ; il faut qu'ils puissent élire celui dont les titres seraient un ouvrage politique ou d'administration qui aurait mérité leur estime. Il est si naturel que les colléges électoraux choisissent un propriétaire, qu'ils le prennent dans leur sein, qu'ils ne doivent jamais s'en écarter que pour des considérations de la plus haute importance à leurs yeux ; et dans ce cas, leur en interdire la faculté, c'est nuire à la liberté des élections, qui doit être entière et absolue.

Mais il n'en est pas ainsi des électeurs qui sont la racine du pouvoir ; ce titre exige des qualités, des conditions personnelles, et ne doit appartenir qu'aux propriétaires fonciers, les seuls véritablement attachés au sol de la patrie ; ceux qui ont le plus d'intérêts à la prospérité de l'Etat et qui ont à la fois l'indépendance et les lumières nécessaires pour opérer de bons choix.

Dans une société bien ordonnée on doit

tout faire pour la nombreuse classe sans propriété, mais ne rien faire par elle. L'ordre social trahit ses devoirs quand sous son régime un seul individu manque du nécessaire, quand l'être le plus pauvre et le plus malheureux n'est pas plus assuré de sa subsistance et de celle de sa famille que le sauvage le plus robuste. Il faut qu'avec moins de force er de courage son indépendance et sa sûreté soient mieux garanties ; qu'avec une vie moins dure il jouisse de plus de commodités que dans l'état de nature ; il faut le nourrir dans ses infirmités ou sa vieillesse ; en un mot, la dette de la société envers les pauvres n'a d'autres bornes que celles de leurs besoins. Mais ces devoirs remplis, cette dette payée, la société est quitte envers eux ; leur accorder une influence quelconque dans la chose publique, serait vouloir compromettre son existence.

C'est donc aux seuls propriétaires qu'il convient d'accorder le droit d'élire les représentans ; mais quelle sera la quotité de propriété requise pour être électeur?

Ici, Monsieur, je m'attends que nous serons l'un et l'autre d'un avis bien différent; car je pense que celui-là seul doit être rangé dans la classe des propriétaires et admis à jouir des droits attachés à cette qualité, dont les revenus en biens fonds sont suffisans pour le faire vivre lui et sa famille d'une manière indépendante de toute ressource, de toute industrie, et j'évalue qu'un tel propriétaire doit supporter une *imposition directe et foncière* au moins de 500 fr. (1)

Vous vous éleverez sans doute contre une pareille proposition ; vous me reprocherez d'exclure la presque totalité du peuple français de toute influence dans le choix

(1) Dans mes principes, non seulement tout individu qui ne supporterait pas une pareille imposition serait exclu de toute influence dans le choix de la représentation nationale ; mais cette imposition elle-même ne donnerait droit d'y concourir, qu'autant que le département n'offrirait pas deux cents con-

de ses représentans ; vous me direz que dans la majeure partie des communes on trouvera à peine deux ou trois électeurs, qu'un grand nombre ne sera pas en état d'en fournir un seul ; j'en conviens et ne vois pas qu'aucune de ces considérations soit de quelque poids pour détourner de la mesure que je propose.

Je pourrais me borner, Monsieur, à vous rappeler le principe que j'ai précédemment établi et que j'ai le droit de regarder comme convenu entre nous ; savoir : que les meilleures institutions politiques ne sont pas celles qui admettent un plus grand nombre d'individus à prendre part au gouvernement ; mais seulement les institutions calculées de manière à assurer le plus grand

tribuables payant une plus forte imposition ; car je ne crois pas que le choix des électeurs dût être arbitraire. Je croirais encore convenable de ménager à ces électeurs les occasions d'acquérir des connaissances administratives ; mais ce projet exigerait des développemens qui feront le sujet d'un Mémoire particulier.

bien de la société ; ce qui réduit la discussion sur l'objet qui nous occupe à une simple question de fait, celle de savoir si en multipliant les électeurs, en admettant, à concourir au choix des représentans, le possesseur du moindre petit fond de terre, ou celui que les ressources de son industrie mettent dans le cas de supporter une légère imposition, il en résultera de meilleurs choix. Or, cette question n'en fait pas une ; l'expérience nous apprend qu'en appelant la multitude à concourir à l'élection des membres de la représentation nationale on obtient des choix tout aussi aveugles, et souvent pires que si l'on s'en fût rapporté au sort, car cette classe du peuple étant hors d'état d'apprécier les qualités nécessaires pour remplir dignement les fonctions de député, portera toujours, ainsi que cela est constamment arrivé, le notaire, l'avocat d'une petite ville ou le juge inférieur qu'elle consulte habituellement sur ses petits intérêts, et auquel, par là même, elle accorde une grande supériorité de lumières ; et observez que ce sont encore là les meilleurs choix que vous puissiez en espérer ; car cette multitude que vous appelez à concourir aux élections est susceptible de se laisser prendre aux piéges les plus grossiers, et vous serez heureux, si, comme je l'ai vu tant de fois arriver, ces électeurs ne se laissent pas aller à recevoir à la porte du lieu où doit se faire l'élection, et le plus souvent, dans les cabarets, le nom de celui qu'ils doivent favoriser de leurs suffrages.

Si au contraire, ainsi que je le propose, vous concentrez exclusivement le droit d'élire dans la classe des véritables propriétaires, vous faites disparaître tous ces abus. Ce petit nombre d'électeurs dans chaque canton qui vous afflige, est précisément ce qui fait le mérite de mon projet ; parce qu'il doit bannir toutes les petites intrigues. Les électeurs se trouvant placés à d'assez grandes distances les uns des autres, aucun, lors de leur réunion dans le chef-lieu du département, ne pourrait se flatter de faire prévaloir le candidat avec lequel il a des relations particulières; la majorité se trouvera forcée de se réunir pour l'homme le plus connu, le plus généralement estimé et considéré de son département.

J'ajouterai au surplus, Monsieur, que vous n'avez pas le droit de critiquer la mesure que je propose, parce que vos constitutions les plus libérales, celles auxquelles vous avez vous-même concouru, pour ne pas compromettre l'existence de la société, ont cru devoir exclure plus des quatre cinquièmes de la population de toute influence dans le choix de la représentation nationale; puisque cette précaution a été insuffisante, puisque nous avons été témoins de l'entière dissolution de la société, j'ai sans doute le droit, pour atteindre le but que vous avez marqué, pour donner plus de garantie à l'ordre public, pour assurer une meilleure représentation nationale, de restreindre les électeurs dans un cercle plus étroit que celui que vos constitutions avaient tracé.

Enfin, Monsieur, pour ne rien omettre sur un objet d'une si haute importance, j'ajouterai que cette mesure n'est pas seulement fondée sur l'intérêt public, et autorisée par l'exemple que vous avez donné; mais parfaitement conforme aux vrais principes.

En quoi consiste en effet la liberté à laquelle chaque individu a droit de prétendre? est-ce à concourir directement ou indirectement à la confection des lois? nullement, mais à n'obéir qu'aux lois et surtout à n'obéir qu'à de bonnes et sages lois; c'est donc à les obtenir telles, qu'il faut sacrifier toute autre considération.

Permettez-moi de vous le dire, les apôtres de votre doctrine ont bien malheureusement pour notre patrie, confondu deux choses très-distinctes, deux choses qui n'ont entr'elles aucun rapport; la liberté individuelle et les libertés nationales. La première qui consiste à ne reconnaître aucune autre dépendance que celle qu'impose la loi, est un droit propre et personnel, est le véritable patrimoine de chaque citoyen, dont il ne doit jamais être privé, qu'en exécution de la loi et suivant les formes prescrites; mais les libertés nationales sont tout autre chose : ce sont des pouvoirs politiques appartenant à la société entière, des pouvoirs qu'aucun individu par lui-même n'a droit d'exercer, et que la société ne doit ni ne peut sans imprudence confier à d'autres qu'à ceux en état d'en user avec sagesse pour le bien général et l'utilité commune. Si cette distinction bien simple, cette distinction puisée dans la nature même des choses et d'une vérité frappante, n'eut pas échappé à tous nos faiseurs de constitutions ; si dans leurs institutions politiques ils eussent signalé la différence entre la liberté individuelle et la puissance publique, la multitude ne les eût pas confondues, elle n'eût pas compromis sa liberté en s'arrogeant un empire absolu, dont elle s'est servi pour tout détruire ; la France eût échappé à sa sanglante anarchie et ne se serait pas vue réduite à devoir de la reconnaissance au despotisme qui l'en a délivrée.

Il n'existe donc réellement aucune objection plausible contre la mesure d'attribuer le titre d'électeurs aux véritables et seuls propriétaires. C'est l'unique moyen d'obtenir une représentation nationale, sage et éclairée, sans laquelle, ainsi que je le prouverai par la suite, cette représentation, loin de contribuer à la prospérité de l'Etat, le précipiterait vers sa ruine.

Des différens pouvoirs et des principes réellement constitutionnels.

Si nous nous occupons maintenant des pouvoirs qu'il convient d'attribuer à cette représentation nationale, j'oserai dire que dans un Etat comme la France, au monarque seul doit appartenir la puissance d'action dans toute sa plénitude, sans partage ni réserve; à la représentation nationale seulement une force négative et de résistance; mais invincible, insurmontable; telle qu'elle ne puisse en aucun cas en user pour agir elle-même.

Le pouvoir d'accorder les impôts et celui de consentir les lois me paraît devoir lui suffire ; parce qu'avec ces seuls moyens l'assemblée des représentans est assurée d'obtenir du prince tous les actes utiles à la prospérité de l'Etat et le redressement de tous les abus qui peuvent s'être glissés dans l'administration ou le gouvernement ; lui en attribuer plus serait introduire un principe dangereux dans l'Etat ; lui en accorder moins serait exposer la nation sans défense à tous les excès du pouvoir arbitraire. Enfin je pense qu'en y joignant la responsabilité des ministres, on aura pleinement garanti la liberté publique et individuelle.

Que si, après avoir ainsi fixé les droits réciproques du monarque et de la nation, on détermine le mode de la succession à la couronne, l'inviolabilité du monarque et l'organisation de la représentation nationale, on aurait complété la constitution de l'Etat ; car la liberté des cultes, celle de la presse, la liberté individuelle elle-même me paraissent appartenir à la législation. En faire autant d'articles constitutionnels pour leur donner plus de force me paraît une grande erreur. Dans un état bien ordonné les lois ne doivent être ni moins inviolables, ni moins sacrées, ni moins coactives que les articles constitutionnels ; le seul caractère particulier et distinctif de ces derniers, c'est d'être immuables, c'est qu'il n'est pas un seul cas où ils doivent, où ils puissent éprouver le moindre changement ni la plus légère altération. Ainsi, par cela seul qu'il est possible d'imaginer telles circonstances où la réunion des pouvoirs constitutionnels pourrait passagèrement assujettir la presse à quelques entraves, interdire tel culte dangereux à la société, et dans des circonstances critiques, suspendre momentanément l'effet des garanties de la liberté individuelle, ces droits, quelque respectables qu'ils soient, appartiennent à la législation.

C'est en effet dans l'existence de son Parlement partagé en deux chambres, dans le pouvoir qui lui appartient de consentir les lois et de voter les subsides, que consiste essentiellement la constitution d'Angleterre. Le fameux bill des droits, par cela seul qu'on y peut déroger et qu'on a dérogé momentanément à plusieurs de ses articles, ne peut être considéré que comme une loi plus solennelle que les autres ; car je le répète, les articles constitutionnels consacrant le mode essentiel de l'existence d'une nation et de la forme de son gouvernement, ne doivent jamais, par là même, éprouver ni modification, ni changement, ni aucune suspension.

Il me reste, Monsieur, à examiner les avantages particuliers de la division de la représentation nationale en deux Chambres ; à nous assurer s'il est vrai que les grands avantages que l'Angleterre retire de sa constitution tiennent à sa Chambre des Pairs héréditaires ; mais je renverrai à traiter cette question dans ma lettre suivante où je me propose d'examiner pourquoi la constitution anglaise, si long-temps parmi nous l'objet de tant d'admiration et de vœux, importée en France par la charte de Louis XVIII, a obtenu si peu de succès.

J'ai l'honneur d'être etc.

QUATRIEME LETTRE.

Des Avantages de la Pairie héréditaire.

Est-il bien vrai que l'Angleterre doive à cette institution tous les bienfaits de son gouvernement? et pourquoi la Charte de LOUIS XVIII, calquée sur la constitution anglaise, a-t-elle produit si peu de fruit en France?

Nos prétendus publicistes, Monsieur, se persuadent que le sort des empires dépend uniquement de la sage et théorique distribution des pouvoirs. C'est à cette seule cause qu'ils attribuent l'étonnante prospérité de l'Angleterre. L'existence de la Chambre des Pairs leur paraît le gage certain de la maturité des délibérations nationales; mais s'il en était ainsi, je demanderais pourquoi la constitution anglaise, introduite en France par la Charte de LOUIS XVIII, n'a eu d'autre effet que de paralyser l'action du gouvernement, et de relâcher tous ses ressorts; je demanderais, surtout, pourquoi cette constitution, si ancienne en Angleterre, n'a pas toujours produit les mêmes effets; pourquoi aucun pays n'a été tourmenté par des troubles plus fréquens, par de plus cruelles révolutions; pourquoi, enfin, toutes ces institutions si vantées n'ont été long-temps qu'une barrière également impuissante contre la licence populaire ou la tyrannie? Certes, ces faits, qu'on ne saurait contester, devraient, ce me semble, désabuser ceux qui se persuadent de bonne foi que, pour assurer le bonheur de la France, il suffit de partager et disposer bien méthodiquement les différentes branches de la puissance publique.

La vérité, Monsieur, est que les meilleures institutions peuvent bien peu de chose par elles-mêmes pour le bonheur des empires: les lois parlent, mais ce sont les hommes qui agissent, et un gouvernement n'est qu'une suite d'actions. Trop d'exemples nous attestent que, sans toucher à la constitution d'un pays, il suffit d'appeler à la tête des affaires des hommes capables, pour changer, en bien peu de temps, la face d'un état; et la constante prospérité dont jouit l'Angleterre, depuis plus d'un siècle, le peu de succès qu'a obtenu parmi nous la Charte de Louis XVIII, n'ont eu que cette seule et même cause.

Des véritables causes de la prospérité de l'Anglet.

Le degré de puissance auquel sont parvenus les Anglais depuis leur dernière révolution, la stabilité qu'a acquise le trône, la liberté sans licence qui a remplacé les orages politiques, ne tiennent ni au changement de dynastie qui eut lieu à cette époque, ni au bill des droits que l'on fit souscrire au nouveau roi; mais au changement qui s'introduisit alors dans les dépositaires de la puissance royale.

Tant que les rois d'Angleterre ont choisi leurs ministres au sein de leur cour, et parmi leurs favoris, l'on conçoit que ce ministère a dû être souvent faible, imprudent ou peu capable; qu'il a dû naturellement s'appliquer à accroître l'influence de la couronne, et que, par là même, il a dû s'élever une lutte entre le prince et une nation inquiète et passionnée pour ses libertés. L'issue de ces fréquentes guerres a été différente suivant les circonstances, et surtout suivant le génie et le caractère de celui qui commandait.

L'histoire nous montre, tour à tour, des rois parvenus à réduire leurs Parlemens à n'être que les organes passifs de leurs volontés, ou même de leurs caprices, et des parlemens qui ont réussi non seulement à empiéter sur les droits les plus incontestables de la couronne, mais encore à changer plusieurs fois la dynastie régnante. La nation anglaise a flotté ainsi, durant plusieurs siècles, entre la tyrannie qu'elle éprouvait de la part de quelques-uns de ses rois, et l'oppression qu'elle exerçait sur quelques autres.

L'époque qui mit Guillaume d'Orange sur le trône fut aussi celle de la fin de ces continuelles agitations, et ce grand événement n'eut pour véritable cause que le changement qui s'introduisit alors dans les personnes appelées au ministère et dans la politique de ces nouveaux ministres.

Pour consolider un trône encore mal affermi, le nouveau roi crut devoir choisir son conseil parmi les membres du Parlement qui disposaient de la majorité, et les ministres, qui dûrent leur élévation à ce motif, furent assez habiles pour sentir qu'il était de leur intérêt de se soutenir dans leurs places par le même moyen qui les y avait portés; ils sentirent l'égale imprudence qu'il y aurait de chercher à augmenter la prérogative royale, au risque de perdre leur crédit sur le Parlement, ou de chercher à rendre le Parlement dépendant des caprices de la cour, au risque de lui faire perdre sa popularité et d'attirer sur eux-mêmes une effrayante responsabilité, à l'époque des nouvelles élections; ils sentirent enfin que pour leur gloire et leur propre sûreté, il leur importait également de se conserver une grande prépondérance sur le Parlement, et de concilier à ce Parlement une grande faveur populaire.

Ces principes acquirent bientôt force de loi; car tout le monde gagna à ce nouveau système. Les ministres n'eurent plus aucun intérêt à étendre les bornes de la prérogative royale; cette ambition du pouvoir qui, dans leurs prédécesseurs, avait causé tant de troubles, put être désormais satisfaite sans danger, et ceux qui réussirent à disposer d'un Parlement populaire jouirent en Angleterre d'une plus grande autorité que les ministres du roi le plus absolu.

La majorité du Parlement acquit ainsi le ministère en faveur de ses chefs, et les membres de leur parti, le droit d'obtenir des places et des faveurs de la cour, sans perdre la confiance de leurs concitoyens.

La nation anglaise, surtout, en profita; car, pour conserver leur crédit sur le Parlement, et à ce Parlement, la faveur publique, les ministres sont obligés de mettre une grande sagesse dans toutes leurs démarches, et de n'user de leur ascendant sur les Chambres que pour faire passer des bills vraiment utiles. De leur côté, les membres de la majorité, disposés à se prêter aux vues réglées de la cour, dûrent mettre pour bornes à leur complaisance celle où le mécontentement national commencerait.

Enfin, la couronne elle-même y a trouvé ses dédommagemens; car, si la politique lui fait aujourd'hui un devoir de prendre pour ministres les chefs de la majorité du Parlement, elle a acquis une stabilité jusqu'alors inconnue.

Rien ne peut désormais altérer ce système politique, devenu l'âme du gouvernement anglais; il ne peut plus s'élever aujourd'hui de lutte entre les droits de la nation et la prérogative royale. Le roi, qui aurait la dangereuse pensée d'augmenter son pouvoir, ne trouverait pas dans les trois royaumes un seul homme assez imprudent pour servir ce projet, ou même pour accepter le ministère, sans espoir de disposer de la majorité des communes; le mérite ou les torts de l'administration actuelle ; la chute ou le maintien des ministres en place, voilà l'unique et éternel objet des débats parlementaires ; quel que soit leur degré de chaleur, quel qu'en soit le résultat, ils ne peuvent plus troubler la tranquillité publique, ni atteindre le monarque, toujours prêt à admettre dans ses conseils les chefs du parti qui obtient l'avantage.

Le gouvernement de l'Angleterre, d'après l'esprit qui règle aujourd'hui sa marche et son mouvement, est sans contredit le meilleur et le plus convenable à l'étendue et à la population de cette île ; ainsi qu'au caractère de ses habitans ; parce qu'il suppose les hommes ce qu'ils sont, bien plus que ce qu'ils doivent être ; que loin de s'appuyer sur des vertus, qui sont dans tous les temps et dans tous les pays infiniment rares, il fonde ses succès sur les défauts les plus communs et les fait tourner au profit de l'état. Dans ce gouvernement l'amour de la gloire, l'ambition du pouvoir, l'avidité même trouvent les moyens de se satisfaire ;

mais l'intérêt de ces diverses passions, la crainte d'une chute inévitable, commandent aux dépositaires de la puissance royale et de la confiance publique, de subordonner toutes leurs démarches au plus grand bien de leur pays.

Le danger de l'existence d'une représentation nationale est d'énerver les ressorts de l'administration et du gouvernement ; car il est bien difficile qu'un ministre responsable, dont tous les actes peuvent devenir le sujet d'une dénonciation, ne soit pas faible et timide. Il n'en est pas ainsi en Angleterre ; en conservant dans de sages limites l'autorité du monarque que le hasard de la naissance place sur le trône, la constitution anglaise n'ôte rien aujourd'hui à l'énergie du gouvernement, parce que l'usage qui appelle les chefs de la majorité du Parlement à la tête des affaires, contient, si l'on peut s'exprimer ainsi, une *substitution graduelle et perpétuelle*, d'une autorité presque sans bornes, en faveur des hommes les plus habiles de la nation, qu'elle les affranchit de toute inquiétude dans son exercice : en même temps elle ne leur offre de moyen de la conserver, que celui de consacrer leur génie à accroître la prospérité de leur pays; et enfin une opposition éclairée et toujours subsistante, en ne pardonnant pas les fautes même involontaires, contient continuellement un ministère capable, et a bientôt perdu un ministère inconsidéré et sans talent.

Ainsi l'usage de prendre pour ministres les chefs de la majorité, usage qui n'est prescrit nulle part et qui ne pourrait pas l'être, a suffi pour écarter à jamais de la constitution anglaise le déluge de maux qu'elle avait causés durant tant de siècles. Avouez-le, Monsieur, si tous nos grands législateurs, si vous-même, aviez été chargé de remédier aux agitations intestines qui avaient si long-temps désolé l'Angleterre, fidèle à vos grands principes, vous n'eussiez pas manqué de procéder à une réforme parlementaire, vous eussiez appliqué tous vos soins à établir la représentation nationale la plus exacte, la plus parfaite, et par là même, vous n'auriez fait qu'augmenter la cause des troubles intérieurs; vous n'auriez fait que fortifier un des partis, au lieu de confondre leurs intérêts.

Pourquoi la Charte de Louis XVIII a obtenu si peu de succès parmi nous.

Si nous examinons maintenant pourquoi la charte de Louis XVIII qui renferme à la fois les principes de la constitution d'Angleterre et les principales dispositions du bill des droits, n'a eu aucun succès en France, nous y puiserons une nouvelle preuve de cette grande vérité, savoir, que les institutions politiques peuvent bien peu de chose par elles-mêmes, pour le bonheur des peuples, que ce sont les hommes capables qui en font tout le succès et qu'il est aussi difficile que dangereux, de vouloir changer le mode d'exister d'un peuple nombreux et vieilli, et pour me servir des expressions de vos adeptes, d'entreprendre de le régénérer.

J'observerai d'abord, que le non succès de la charte de Louis XVIII ne peut tenir à ce qu'elle n'a été que *gracieusement oc-*

troyée, tandis que la constitution de la grande charte et du bill des droits fut l'objet du pacte qui transmit la couronne à Guillaume d'Orange.

J'avouerai néanmoins que je ne saurais concevoir ce qui a pu déterminer le conseil de Louis XVIII à préférer cette *forme gracieuse*, quand il est constant que tous les articles vraiment constitutionnels de cette charte, savoir : le droit dans la nation de voter ses subsides, de consentir les lois, l'aptitude de tous les citoyens indifféremment à parvenir à tous les emplois, à toutes les dignités, etc... ne sont que l'expression de nos antiques libertés (1) nationales, qu'attestent tous les monumens de notre histoire ; mais je ne m'étonne pas que le roi ait tenu à ne prendre la couronne qu'à titre successif. Il le devait, bien plus encore dans l'intérêt de son peuple, que dans celui de sa famille ; l'hérédité du trône, dans l'ordre légitime, est le gage le plus assuré

(1) Voir l'*Appendice* à la suite de cette Lettre.

de la tranquillité de l'état; la plus légère atteinte portée à cette sauve-garde sacrée, mettrait la couronne au concours de toutes les ambitions, et après les guerres les plus sanglantes, ce ne serait pas le plus digne, mais le plus audacieux ou le plus méchant que vous auriez pour maître. Au surplus, le peu de succès de la charte, je le répète, ne saurait tenir à ce qu'elle n'a été que *gracieusement octroyée*, il suffit que Louis XVIII ait observé ses promesses autant et plus fidèlement que si elles lui eussent été imposées comme condition de son accession au trône, pour que la différence entre le principe de la charte et celui des institutions anglaises, n'ait pas pu en introduire dans leurs effets.

Ce non succès ne saurait également tenir à la prétendue faiblesse de Louis XVIII; ce reproche n'est pas seulement injuste en lui-même, il est de plus souverainement déplacé : dans un gouvernement représentatif bien constitué, le bonheur des peuples ne doit point dépendre uniquement des talens distingués, ni du grand caractère du prince qui gouverne; l'avantage de cette forme de gouvernement est qu'il suffit d'un roi bon, juste et éclairé pour porter la prospérité publique à son plus haut degré, et que lorsque le hasard fait naître sur le trône un prince qui manque des qualités les plus communes, l'Etat n'en souffre que bien médiocrement; et c'est en effet ce dont l'Angleterre nous fournit plus d'un exemple.

Pourquoi donc la constitution anglaise, cette plante si féconde chez nos voisins, a-t-elle été si stérile en France? C'est parce que c'est une plante étrangère; transportée sur un sol qui n'avait point été préparé par des siècles à la recevoir, elle a langui parmi nous, attaquée de la même maladie dont sont mortes en naissant toutes les sublimes productions de nos modernes législateurs.

Louis XVIII n'a pu réellement donner à la France que le mécanisme, que le projet de la constitution de l'Angleterre, et la France n'avait aucun des élémens nécessaires pour la réaliser; car on ne saurait trop le redire, les constitutions politiques ne sont point de vaines théories; destinées à agir sur les hommes, ce sont des hommes encore qui doivent les faire agir: c'est une science dans le peuple de savoir obéir à son gouvernement; c'en est une bien plus difficile dans les divers agens de ce gouvernement, de savoir le mettre en action; et l'un et l'autre ne peuvent s'acquérir que par l'usage et l'habitude. Il est nécessaire que le temps en ait donné des leçons. Livrez une des plus ingénieuses mécaniques de nos arts à des Hottentots, ils ne parviendront jamais à en obtenir les effets qu'elle produit sous la main exercée de nos ouvriers.

Parlem. Anglet. En Angleterre, le gouvernement représentatif est aussi ancien que la monarchie, et n'a jamais été suspendu. Les lois, les mœurs, le caractère national, tout se rattache et se lie à l'existence de cette antique institution. Il n'est aucun Anglais, même dans la classe la plus commune, qui n'ait une notion exacte des principes du gouvernement de son pays, et qui ne lui soit fortement attaché. Tout individu né dans une classe aisée, et doué de quelque talent, se livre, dès sa première jeunesse, à l'étude des lois, et travaille à acquérir les connaissances qui peuvent un jour le mettre en état de figurer dans le Parlement et de s'y faire un nom. Les chefs des différens partis qui le divisent sont des hommes qui se sont instruits à fond des intérêts, de la politique et de l'administration de leur patrie. Depuis plus d'un siècle, ceux de la majorité sont toujours appelés au ministère, et ne peuvent jamais le perdre qu'avec elle; et, dans ce cas, devenant les chefs de l'opposition, ils conservent une existence publique non moins honorable que celle dont ils jouissaient étant en place. La parfaite connaissance qu'ils ont des affaires les met à portée de juger les ministres qui leur ont succédé, et de dénoncer leurs fautes à la nation. Ainsi l'on voit que c'est l'habileté des hommes qui fait le mérite-pratique de la constitution de l'Angleterre; que tous ses succès sont dus aux hommes d'Etat qui se trouvent dans son Parlement, mais qui ne s'y rencontrent en si grand nombre que parce que la constitution, plus ancienne qu'eux, les a formés.

De notre Corps-Législatif.

La charte de LOUIS XVIII n'a pas trouvé en France les mêmes ressources. En fixant nos regards sur ce qu'on avait nommé la Chambre des Pairs, celle des Députés, il est bien difficile de se défendre d'éprouver un sentiment mêlé de honte et de pitié. Je ne parlerai pas de la première, dont la plupart des membres étaient soldés; dont les uns, décorés de grands noms, riches et autrefois revêtus de hautes dignités, longtemps fugitifs et proscrits, avaient perdu depuis vingt-cinq ans ces titres à la considération publique, tandis que la plupart des autres, citoyens obscurs, enfans de la révolution, malgré leur richesse et le pouvoir qu'ils avaient exercé, n'en avaient jamais obtenu; de cette Chambre enfin qui, sous le rapport de l'existence et du poids, n'avait rien de commun avec la pairie d'Angleterre, laquelle avait encore sur elle l'immense supériorité qui appartient à une institution antique sur une création de la veille.

Cependant notre Chambre des Députés avait peut-être moins de ressemblance encore avec la Chambre des Communes d'Angleterre, composée de l'élite de la nation. Non seulement ses membres ne reçoivent aucun traitement; mais les Anglais les plus distingués, les plus grands propriétaires, des fils de lords, ne comptent pour rien les plus énormes sacrifices pour briguer l'honneur d'en faire partie. Dans la Chambre de nos Représentans, au contraire, il se rencontrait sans doute quelques hommes d'une classe élevée, ou jouissant d'une fortune indépendante; mais l'immense majorité se composait de praticiens, de légistes, de médecins, de magistrats inférieurs, qui trouvant un très-grand avantage pécuniaire à troquer les minces produits de leur cabinet ou de leur état contre le traitement de députés, avaient usé de l'influence que leur donnaient leurs fonctions, pour faire tomber sur eux le suffrage des électeurs, multitude aussi ignorante que facile à séduire.

Sous le rapport des connaissances, des lumières et des talens, la différence était encore plus prononcée; il s'y rencontrait sans doute plusieurs hommes éclairés, pleins de bons sentimens et voulant sincèrement le bien de leur pays; mais on ne peut se dissimuler que le Corps Législatif en masse ne se ressentît beaucoup de la médiocre importance qu'il avait eue sous le gouvernement impérial qui l'avait réduit au rôle de muet. Louis XVIII, en rendant la parole à ses membres, en leur attribuant tous les droits attachés à l'auguste caractère de représentans du peuple français, ne leur avait pas donné les qualités nécessaires pour remplir dignement de si hautes fonctions. Aussi, quel spectacle cette Chambre a-t-elle donné à l'Europe? Les ministres avaient à peine communiqué une proposition royale, qu'une foule de députés, pour se dédommager sans doute du long silence qu'on leur avait imposé, se pressaient de retenir la parole dont presque aucun n'était en état d'user. Mais si les orateurs sont rares en France, les écrivains y sont très-communs, et quelques jours après chacun arrivait son cahier à la main, où tant bien que mal il avait rédigé un avis pour ou contre la proposition du ministre. L'assemblée délibérait ensuite, sans qu'il y eût eu aucune véritable discussion.

Telle était, Monsieur, cette Chambre des députés qui faisait trembler nos ministres, qui les glaçait d'effroi, et paralysait toutes leurs démarches. Le ministère était bien faible, me direz-vous : j'en conviens, je dirais même qu'il était pis que cela ; mais eût-il été plus fort et meilleur, que sa position n'eût été ni moins embarrassante ni moins critique.

Un ministère habile peut facilement s'entendre avec une représentation nationale éclairée, dont la majeure partie des membres ont des connaissances acquises, et sont familiarisés avec les affaires qu'ils ont à traiter ; avec une assemblée dans le sein de laquelle il existe une majorité prononcée, qui suit l'impulsion des chefs, qu'une supériorité de lumières et de talens reconnue leur a fait adopter. Loin d'être un obstacle aux mesures du gouvernement, cette représentation nationale en devient le plus puissant auxiliaire ; mais, Monsieur, on ne compose pas une pareille représentation dans son cabinet avec autant de facilité qu'une constitution ; elle ne peut devoir son existence qu'à un long usage, à l'esprit public. Il faut donc que l'esprit public, que d'autres assemblées l'aient précédée ; il faut que les membres qui la composent aient étudié les affaires, et qu'ils en aient acquis l'expérience ; il faut enfin qu'ils aient reçu de ceux qui les ont devancés dans la même carrière une longue et bonne tradition ; et qu'on ne s'y trompe pas, c'est peut-être moins encore aux vices des différentes constitutions dont on a successivement condamné la France à faire le malheureux essai, qu'elles ont dû de ne pouvoir obtenir un seul instant d'exécution, qu'à la complète incapacité de ceux qu'on avait appelés à leur donner le mouvement; car les hommes capables ne s'inventent pas comme un nouvel ordre de choses.

Quel parti, je le demande, un ministère, quelque fort, quelque bien intentionné qu'il eût été, pouvait-il tirer d'une assemblée ignorante, sans expérience, composée de membres isolés entr'eux, citoyens obscurs des différentes parties d'un état aussi vaste que la France, dont presqu'aucun n'avait la plus légère notion des grands objets d'administration sur lesquels ils avaient à délibérer, à qui quelques paradoxes révolutionnaires tenaient lieu de droit public? Quel parti tirer d'une assemblée à laquelle sa profonde ignorance sur les matières de l'administration publique ne permettait pas de former dans son sein une majorité décidée ? d'une assemblée divisée en une multitude de petites coteries, dont les meneurs, n'ayant la plupart que leurs erreurs, leurs petites passions, ou leur intérêt pour guide, opinaient tour à tour pour ou contre les ministres, et ne permettaient ainsi d'établir ni accord, ni ensemble dans la marche du gouvernement?

Transportez, Monsieur, une pareille représentation en Angleterre, substituez-la à la Chambre des Communes, et par cela seul, vous ferez disparaître tous les bienfaits de la constitution; l'action du gouvernement sera paralysée. En vain, pour lui rendre quelque énergie, le monarque voudrait, suivant l'usage, prendre ses ministres dans la majorité: cette ressource lui deviendrait doublement impossible, parce que cette assemblée n'a point majorité prononcée, et ne présente aucun homme capable d'occuper le ministère; il ne resterait donc aucune autre ressource que de casser ce Parlement, et de provoquer de nouvelles élections.

Mais si nous supposons que les Anglais sont totalement privés de ces hommes d'Etat, qui ne se sont formés chez eux que lentement; et à l'ombre de leur antique constitution; si nous supposons que les nouveaux députés n'auront ni plus de connaissances, ni plus de lumières, ni plus d'accord que les premiers, vous conviendrez que le prince se trouverait alors dans une bien pénible situation, et qu'il ne lui resterait d'autre choix que d'abandonner la partie, ou, comme Napoléon, d'asservir cette représentation nationale, et de l'annuler.

Il est donc vrai, Monsieur, que le peu de succès qu'a eu la Charte parmi nous ne tient nullement à la prétendue faiblesse de LOUIS XVIII, à moins que l'on ne veuille appeler de ce nom la scrupuleuse fidélité avec laquelle il s'est renfermé dans les limites du pouvoir qu'elle lui attribuait.

Il est donc vrai que ce non-succès ne tient pareillement point aux vices intrinsèques de cette Charte, exactement calquée sur la constitution à laquelle l'Angleterre doit sa puissance et son étonnante prospérité; mais que la faute en est principalement à l'incapacité et à la faiblesse de notre représentation nationale, trop au-dessous du rôle qu'elle avait été appelée à remplir.

Conclure de cette triste expérience, comme l'ont fait quelques révolutionnaires, que LOUIS XVIII et tous les Princes de sa famille étaient incapables de gouverner des Français, c'est dire que les Français ont le besoin d'être commandés despotiquement ; c'est avouer que leur profonde ignorance, leur incurable légèreté, les rendent indignes de l'influence que la Charte leur attribuait dans leur propre gouvernement ; car l'Angleterre, durant la première maladie mentale de son roi, nous a montré ce que peut une constitution comme la sienne, soutenue d'une représentation nationale à la hauteur de ses devoirs. A cette époque, il ne fut point pourvu à la régence, et sans la respectueuse, et à jamais mémorable discussion à laquelle donna lieu la maladie du roi dans le Parlement, il n'est pas un sujet de l'empire britannique qui, d'après l'état florissant de son pays, n'eût pu ignorer l'existence de cette calamité publique.

Ce que prouve réellement ce non-succès de la Charte en France, c'est la difficulté d'établir un gouvernement représentatif chez un peuple nombreux et puissant, qui, depuis plusieurs siècles, a perdu l'habitude de s'assembler, et dont on a changé toutes les anciennes institutions; la commune ignorance ne lui permet pas de confier ses intérêts à des hommes capables de justifier sa confiance, et par là même, la réunion de ses représentans dans une même enceinte ne présente que le rassemblement d'une foule d'individus isolés. Cette réunion ne prendra pas réellement le caractère d'une assemblée délibérante, d'une assemblée discutant avec décence, profondeur et discernement, les grands objets sur lesquels elle doit émettre son vœu, parce que le lien commun, le lien nécessaire, indispensable, qui pourrait unir ses membres, c'est-à-dire, les principes d'administration, de politique, de gouvernement, leur manquent; que chacun, pour lui tenir lieu de ces connaissances positives, n'a plus que sa raison personnelle, plus ou moins éclairée, ou la fausse théorie qu'il s'est faite à lui-même. Une pareille assemblée sera dangereuse, parce qu'elle aura le pouvoir de détruire et de faire le mal; car il suffit pour cela de l'accord d'un moment, d'une seule délibération; mais elle éprouvera l'impossibilité absolue d'édifier, d'opérer le bien, parce qu'il faut pour cela une majorité à la fois bien prononcée, persévérante, et qu'il n'est donné qu'aux hommes véritablement instruits, éclairés, de se réunir constamment dans le même avis, et de persister à tendre au même but.

Cependant, le croirait-on, des membres de notre représentation nationale osent lui attribuer une grande supériorité sur celle de l'Angleterre; ils parlent avec un dédaigneux mépris de l'esprit de parti qui divise le Parlement anglais; de cette majorité, suivant eux, constamment vendue au ministère. Je prendrai la liberté d'observer à ces Messieurs qu'une assemblée politique n'est point un tribunal judiciaire, dont l'impartialité est le premier devoir; que le mérite d'une assemblée politique ne s'apprécie que par la sagesse de ses actes et la prospérité publique qui doit en être le fruit; et certes, en comparant notre situation à celle de nos voisins, nous serions bien tentés de faire des vœux pour que nos représentans missent dans nos délibérations plus de partialité pour nos vrais intérêts.

La vérité est, Monsieur, qu'une assemblée politique incertaine, dans le sein de laquelle il n'existe aucune majorité décidée, suppose plus d'incapacité dans les membres qui la composent, qu'une véritable impartialité, et qu'une pareille représentation nationale est d'un éminent danger pour la chose publique. Aussi, en Angleterre, l'opinion publique marque-t-elle d'une sorte de flétrissure tout membre du Parlement qui abandonne le parti pour lequel il s'est déclaré; rien dans ce pays ne saurait justifier cette désertion, ni affaiblir le mépris qu'elle inspire. Cette rigueur paraîtra bien injuste, bien immorale à nos Français libéraux : elle est cependant fondée en raison; et certes, sur la raison la plus forte, celle de l'intérêt public. La constitution des Anglais, qui est vieille, leur en a beaucoup appris; ils savent, par une triste et longue expérience, que la révolution et les troubles intérieurs sont, de tous les maux, les plus grands qui puissent affliger un État; ils savent que les révolutions et les troubles ont presque toujours la faiblesse du gouvernement pour principe; ils savent enfin que l'existence d'une représentation nationale, source de tant de bien, a néanmoins le danger d'affaiblir les ressorts du gouvernement; ils n'ignorent pas que c'est pour y remédier que les rois d'Angleterre ont enfin pris le parti d'admettre dans le ministère les chefs de la majorité; mais ils n'ignorent pas aussi que cette sage conduite du monarque perdrait tous ses avantages, si chacun des membres du Parlement usait légèrement de sa liberté pour changer de parti; car alors la majorité ministérielle n'aurait plus de consistance, ni le gouvernement de fixité.

C'est ainsi, en effet, que l'infortuné Louis XVI chercha vainement un appui dans les assemblées qui succédèrent à la constituante. Une imprudente loi ne lui permettant pas de choisir ses ministres dans le sein même de ces assemblées, il se soumit à prendre ceux que les députés dominans lui présentaient; mais la majorité dans ces turbulentes cohues était trop éphémère; et quelques semaines suffisaient pour détruire toute l'influence des députés avec lesquels ce malheureux prince avait cherché à s'entendre.

Je vais résumer rapidement les conséquences des réflexions qui précèdent. Résumé.

Il en résulte en principe,

1°. Que l'objet de tout gouvernement est de rendre heureux les gouvernés; mais que cette commune destination exige, suivant les circonstances, l'emploi de moyens très-différens;

2°. Que l'état de société, ainsi que la parole, est naturel à l'homme; mais qu'il n'existe pas plus de gouvernement que d'idiôme déterminé par la nature;

3°. Que tout état particulier forme un corps politique, un véritable être moral soumis à la loi commune de tous les êtres animés.

Que ce qui constitue essentiellement l'existence animale est l'union d'une force physique à une certaine portion d'intelligence : ainsi chaque brute a reçu l'instinct propre à sa conservation, et l'homme, plus favorisé, a eu en partage la raison et la volonté.

Que la souveraineté n'est autre chose que la volonté raisonnable, qui doit régir le corps politique et assurer sa conservation.

Qu'ainsi lorsque l'état, resserré dans d'étroites bornes, n'a qu'une population peu nombreuse, dont presque tous les individus unis par les mêmes intérêts peuvent exprimer sur ce qui les touche une volonté raisonnable, la souveraineté doit naturellement résider dans le peuple.

Mais du moment où il s'agit d'une grande nation, composée d'une multitude innombrable d'individus qui, divisés à l'infini par des positions différentes et des intérêts opposés, sont encore dans l'impossibilité absolue d'exprimer ou même d'avoir, sur ce qui convient à leur bien être commun, une idée raisonnable, cette multitude, par cela seul, est exclue, de plein droit, de toute part à la souveraineté.

De là vient que, par une pente irrésistible, la puissance publique et le Gouvernement se resserrent et se concentrent toujours en proportion de l'étendue et de la population d'un État; qu'ainsi, sous ce rapport encore, le corps politique est astreint aux lois générales de la nature à l'égard de tous les êtres animés dont l'organisation est constamment plus simple dans ceux d'une plus grande dimension;

4°. Que le temps qui donne à tout ce qui respire la force, l'accroissement et les formes qui conviennent aux différens âges, agit pareillement sur les corps politiques, change les mœurs et les lois des nations, fait passer successivement les républiques démocratiques en aristocratie, et ces dernières en monarchie plus ou moins absolue, suivant le degré de population, de force et d'étendue qu'acquièrent successivement ces états, sans le consentement et le plus souvent même contre la volonté des peuples qui subissent ces changemens : car les grandes nations ne sont que ce que les siècles qu'elles ont vécu les ont faites ;

5°. Que vouloir détruire chez une nation nombreuse et vieillie l'œuvre du temps et changer à la fois son gouvernement, ses mœurs, ses lois, ses institutions etc., est une extravagance aussi coupable que dangereuse, et malheureusement c'est une vérité qu'une fatale et cruelle expérience doit nous avoir suffisamment apprise;

6° Qu'une folie non moins dangereuse

après une révolution de vingt-cinq ans de durée, serait de prétendre revenir sur ses pas, s'engager dans une route que des décombres rendent impraticable, pour arriver au lieu d'où nous sommes partis et dont les ruines ne nous offriraient pas un abri contre les orages. N'eussions-nous aucune autre ressource, mieux vaudrait rester où la révolution nous a placés, nous y établir sous des tentes jusqu'à ce qu'un édifice social plus solide pût être élevé. Heureusement nous ne sommes point réduits à cette extrémité. Cet édifice est construit; la sagesse des principes vraiment *constitutionnels* de la charte royale est attestée par ses succès chez nos voisins; ces principes d'ailleurs sont essentiellement conformes à ceux de nos anciennes libertés nationales; (1)

7°. Que si la charte de Louis XVIII n'a pas produit tout le fruit que nous devions en attendre, si elle a énervé la force du gouvernement à une époque où le gouver-

(1) Voir l'*Appendice* ci-après.

nement avait un si grand besoin de confiance et de fermeté, cet effet est uniquement dû à notre profonde et commune inexpérience ; mais que plus tard la représentation nationale deviendra le plus solide appui du trône, le plus puissant auxiliaire du gouvernement, le fondement du bonheur et de la prospérité de la France ;

8°. Qu'il faut pour cela que la place de député soit regardée comme le plus honorable témoignage de l'estime et de la confiance de ses concitoyens ; que la députation devienne le partage exclusif des grands propriétaires ou de ces hommes distingués qui joignent à une grande probité de véritables connaissances ; et déjà l'on a fait un grand pas vers ce but en supprimant un traitement qui était devenu l'objet de la cupidité d'individus incapables et sans aucune existence ;

9°. Qu'il faut que la Chambre des Députés bannisse désormais toute défiance, qu'elle soit bien pénétrée de cette grande vérité : que sa seule existence est un gage suffisant, est le gage le plus sûr de la liberté publique, et que les vaines discussions sur la liberté auxquelles se livre l'ignorance unie à la passion de faire du bruit, sont inutiles et presque toujours dangereuses;

10°. Qu'il faut que cette même Chambre ne perde jamais de vue que la prospérité de la France, le bonheur de toutes les classes de ses habitans, tient à la sagesse de son administration, à tirer parti de toutes nos ressources naturelles; qu'ainsi les principales et plus importantes fonctions du rôle auguste de député, sont de discuter avec calme et sagesse les mesures d'administration, d'en surveiller l'exercice, de dénoncer les abus dont le peuple souffre, et d'en indiquer les remèdes;

11°. Qu'il faut enfin que dans le sein de cette Chambre, il se forme une majorité prononcée et solide, soit pour seconder de tout son pouvoir les mesures d'un ministère capable et bien intentionné, soit pour perdre un ministère sans talens, ou que ses talens eux-mêmes rendraient plus dangereux, afin, qu'ainsi qu'en Angleterre, le gouvernement français marche d'un pas ferme et assuré.

C'est alors seulement que la France recueillera tout le fruit de la haute sagesse et de la modération de son Roi; que loin d'énerver les ressorts du gouvernement, la représentation nationale lui prêtera une énergie qu'il n'aurait point sans elle; parce que non moins zélée pour la liberté que le Parlement britannique, cette représentation s'empressera comme lui, d'investir temporairement le monarque des pouvoirs extraordinaires que pourraient requérir les circonstances, surtout quand l'exercice de ces pouvoirs extraordinaires sera remis en des mains pures, sera donné à des ministres dignes de la confiance publique, dont une réputation de moralité sans tache garantira suffisamment qu'il n'en sera usé qu'avec justice, modération, mais fermeté, et seulement pour assurer le repos et la tranquillité de l'Etat.

APPENDICE.

J'AI annoncé que les articles vraiment constitutionnels de la Charte royale n'avaient fait que renouveler les dispositions de nos anciennes libertés ; je dois fournir la preuve de cette assertion : car telle est notre commune ignorance, que, d'un côté, les entrepreneurs de nos modernes constitutions n'ont pas soupçonné que le peu qu'ils ont fait pour la liberté publique n'était qu'une bien imparfaite copie de nos anciennes institutions ; et que, de l'autre, une foule de bons esprits, en détestant les horreurs de la Révolution, ont cru lui devoir quelque reconnaissance de l'abolition des priviléges de la noblesse et du clergé. La vérité est que l'ancienne Constitution française n'a jamais accordé aucun privilége quelconque aux deux premiers ordres sur le troisième.

J'ai déjà observé, dans les lettres qui précèdent, que quelle que fût l'origine des cens, rentes, champarts, etc., ces droits purement réels étaient des propriétés immobiliaires de la même nature que les autres, et complétement indépendantes de la qualité de celui qui les possédait. Un juif, un étranger de la classe la plus obscure, achetant en France une terre à laquelle ces sortes de droits étaient attachés, en jouissait tout aussi pleinement que l'homme de la plus haute naissance; de même qu'un domaine chargé des plus onéreuses redevances, passant dans les mains d'un Montmorency, restait soumis à ces mêmes devoirs ou prestations. Il est d'ailleurs connu que plus d'un tiers des fiefs du Royaume était, de fait, possédé par le tiers-état, et que plus d'un tiers des propriétés de la noblesse était en domaines grevés de cens et de redevances. Il est donc impossible de ranger les droits que l'on nommait féodaux, les droits attachés à une glèbe, au nombre des priviléges de la noblesse (1).

Quant aux contributions et à tous les

(1) Je pourrais prouver, par une foule de nos anciens monumens historiques, que la noblesse française est bien antérieure à la féodalité ; que plusieurs siècles avant et durant le règne de Charlemagne, les *seigneurs* et les *seigneuries*, le *vasselage* et les *vassaux*, étaient connus ; que le gouvernement féodal, suite de l'affaiblissement bien postérieur de l'autorité royale, en rendant la puissance des ducs et gouverneurs de provinces héréditaire dans leur famille, changea seulement en *fief* les seigneuries faisant auparavant partie des *alleux ;* que cette révolution n'introduisit que quelques mots nouveaux pour exprimer un ordre de choses jusqu'alors inconnu: celui de *fief*, de *mouvance*, de *suzeraineté*, de *foi* et *hommage ;* mais n'apporta aucun changement quelconque aux droits et aux devoirs réciproques établis entre les seigneurs et leurs vassaux, et enfin, que quand le régime féodal n'aurait jamais eu lieu, quand le gouvernement du temps de Charlemagne serait parvenu sans aucune altération jusqu'à nous, la révolution n'aurait trouvé en France aucun suzerain ; mais des seigneuries, des justices seigneuriales, des vassaux, et enfin, des cens, des rentes, champarts, etc., prestations bien antérieures au régime féodal, et qui prenaient leur origine dans la source la plus pure et la plus légitime, l'abandon de la propriété à certaines conditions.

autres droits politiques personnels, l'ancienne Constitution de la Monarchie consacrait l'égalité la plus parfaite entre le tiers-état et les deux premiers ordres; ou plutôt ces derniers n'étaient distingués du troisième que par un assujétissement à des devoirs particuliers; ainsi le clergé était chargé du culte; et, dans les grands périls de l'Etat, la convocation de l'arrière-ban obligeait tous les membres de la noblesse de voler à ses propres frais à la défense de la patrie.

Comment donc les prétendus privilèges des premiers ordres ont-ils pu servir de prétexte à les dépouiller, les proscrire, les égorger? Comment les révolutionnaires ont-ils pu attribuer les horreurs qu'ils ont commises, à l'invincible acharnement des premiers ordres à défendre leurs privilèges? Comment encore aujourd'hui des journaux, sous la censure du Gouvernement, se permettent-ils de manifester la crainte perfide que *les regrets de leurs privilèges n'aveuglent involontairement les députés dont les noms brillent d'un ancien éclat nobiliaire?* Comment enfin, dans un écrit attribué à un ministre du Roi, et répandu avec une scandaleuse publicité, a-t-on osé présenter comme formant une grande faction ennemie du peuple, les membres de la noblesse, du clergé, des Parlemens? tandis que sur la surface de la France il ne reste peut-être pas cinquante magistrats des anciens Parlemens, et que le haut-clergé se réduit à une douzaine de prélats septuagénaires dont la plupart respirent en terre étrangère, tandis que la noblesse et le clergé non seulement ne prétendent point maintenant, mais n'ont jamais prétendu avoir constitutionnellement aucun droit politique qui ne leur fût commun avec le tiers-état?

Jamais, sous l'antique constitution française, les premiers ordres n'ont prétendu aucun privilége sur le troisième.

La vérité de cette dernière proposition nous paraît importante à établir, puisqu'elle doit ravir aux agitateurs tout prétexte à l'animosité qu'ils voudraient inspirer aux peuples contre les membres de la noblesse et du clergé.

Pour que l'esprit de parti ne puisse pas

m'accuser d'exposer ici une doctrine particulière, ou de présenter des aveux tardifs arrachés aujourd'hui, par les circonstances, aux membres du clergé et de la noblesse, je produirai des titres irrécusables et d'une date certaine; des déclarations publiques émanées de ces ordres avant la convocation des Etats-Généraux, dégénérés depuis en Assemblée Constituante.

Si je n'avais à justifier que des principes particuliers du clergé de France, les procès-verbaux de sa dernière assemblée me fourniraient d'amples matériaux pour prouver que le clergé regardait le droit dans lequel il s'était maintenu d'accorder des *dons gratuits*, non comme un privilège qui lui fût particulier, mais comme un dernier monument des libertés nationales, également communes à la noblesse et au tiers-état; mais ayant à faire connaître que la noblesse professait les mêmes principes d'égalité parfaite avec le tiers-état, je dois donner la préférence à un Rapport, suivi d'une Déclaration faite par la noblesse et le clergé des Etats d'une province où ces principes me paraissent établis avec une grande exactitude, et que le hasard m'a procurés :

Extrait du Procès-Verbal des Etats de Foix, imprimé en 1789 chez Larroire, imprimeur du Roi et des Etats, rue Major, à Pamiers.

OBSERVATION.

Les derniers Etats du pays de Foix s'ouvrirent le 9 février 1789. On se rappelle à quel point les têtes étaient exaltées à cette époque. Dès la première séance, les députés de quelques communes formèrent, dans l'assemblée, la demande que le clergé et la noblesse de la province fussent assujétis à la taille et à toutes les autres impositions particulières au tiers-état. D'un autre côté, un sieur Acoquat, se disant syndic du tiers-état du pays, avait antérieurement fait au sieur Lascaze, un des syndics des Etats, une signification dans laquelle il élevait différentes prétentions contre les premiers ordres. Il fut nommé ce même jour, pour conférer et s'entendre sur ces difficultés, une commission de dix membres de la noblesse, et une autre du même nombre de députés des villes et communautés, et après différentes conférences entre ces divers commissaires, le Rapport en fut fait aux Etats, ainsi qu'il suit :

Rapport unanimement adopté par les Commissaires de l'Ordre de la Noblesse, nommés par délibération du 9 février, pour examiner les plaintes et demandes de quelques Communautés.

« MESSIEURS,

« Jamais votre confiance ne nous imposa « une tâche aussi importante ni aussi déli« cate, que lorsque vous nous avez chargés « d'examiner les réclamations du Tiers-

« Etat de cette province, et le moyen de « satisfaire cette nombreuse partie de vos « concitoyens.

« On ne saurait se dissimuler que votre « décision va dans ce moment, ou resserrer « entre les différens ordres ces liens de « concorde et de confiance mutuelle, qui, « faisant leur force commune, n'eussent « jamais dû être altérés; ou perpétuer à ja- « mais cet esprit d'opposition et d'animo- « sité, qui prétend rendre les premiers or- « dres responsables du poids des charges « dont le troisième est accablé.

« Nous avons dû également éviter, « Messieurs, un excès d'attachement aux « prétendues exemptions particulières des « premiers ordres, qui ne tendraient qu'à « contredire les dispositions équitables « dont vous êtes animés pour la nombreuse « classe de vos compatriotes, ou une noble, « mais indiscrète générosité en leur faveur, « qui ne vous porterait qu'à sacrifier vai- « nement les principes mêmes des libertés « nationales.

« Nous eussions peut-être difficilement « réussi à garder ce juste milieu, si la Com- « mission n'eût pas trouvé dans la consti- « tution antique de l'Etat le phare qui, à « travers ces différens écueils, pouvait la « conduire au but qu'elle s'était proposé.

« La réclamation du Tiers-Etat tend à « faire partager désormais aux premiers or- « dres le poids de toutes les impositions « actuelles, auxquelles il est seul assujéti.

« En réduisant à cette seule demande « toutes ses prétentions en matière d'im- « pôt, le Tiers-Etat prouve qu'il ignore jus- « qu'où il est en droit de les étendre, et « qu'il ne soupçonne pas tout ce que la « justice autant que la bonté du Roi a fait « pour lui, en restituant la nation dans « l'exercice du droit de consentir libre- « ment ses subsides.

« Si cet ordre avait réellement saisi toute « la force de cette déclaration émanée du « trône; s'il avait fait attention qu'elle lui « assure formellement le droit de ne sup- « porter que les impôts qu'il votera libre-

« ment, il ne se bornerait pas à la triste et « cruelle consolation que peuvent trouver « les malheureux égarés par le désespoir, « à voir partager leur sort par tout ce qui « les entoure; et loin de n'aspirer qu'à as- « sujétir les premiers ordres à toute la ri- « gueur de son ancienne servitude, il ne « s'occuperait qu'à jouir avec eux de l'exer- « cice d'une liberté si long-temps perdue « pour tous.

« Si le Tiers-Etat se croyait en effet ré- « tabli dans des droits supérieurs à ceux « dont jouissaient ci-devant les premiers « ordres, quel motif aurait-il de leur repro- « cher de n'avoir pas souffert tout le poids « du joug qu'il a lui-même injustement sup- « porté? Ne serait-ce pas donner l'étrange « spectacle d'hommes nouvellement libres, « dont les uns feraient un crime à leurs « compagnons d'infortune d'avoir, pendant « la durée de leur esclavage commun, porté « des chaînes moins pesantes?

« Sans doute cette nombreuse partie de « vos concitoyens a lieu de se plaindre de

« l'excès de ses impositions ; sans doute « elle est en droit de réclamer contre ces « mots *d'exemptions* et de *priviléges*, qui « feraient présumer qu'elle est légitime- « ment asservie ; sans doute, le Tiers-Etat « a droit d'exiger une égalité entre ses con- « tributions et celles des premiers ordres : « mais ce n'est pas en nous faisant parta- « ger sa servitude actuelle, mais en parta- « geant lui-même une liberté qui nous est « commune et que nous recouvrons comme « lui, qu'il doit concourir à faire renaître « cette juste égalité entre son sort et celui « de la Noblesse et du Clergé.

« Nous avons donc pensé, Messieurs, « que pour rétablir entre le Tiers-Etat et « les premiers ordres, cette confiance qui « n'eût jamais dû recevoir aucune atteinte, « il vous suffira de l'instruire de ses droits, « comme de ses véritables intérêts ; de lui « faire connaître tous les pouvoirs que lui « accorde cette constitution antique, que « sa Majesté vient de rendre à la nation ; « de lui apprendre l'usage qu'il en doit

« faire, et l'avantage qu'il peut en retirer.
« Vous aurez ainsi, Messieurs, la gloire de « vous associer en quelque sorte à la bienfaisance du Prince, en éclairant le Tiers-Etat sur l'étendue du bienfait qu'il en a « reçu, et vous ferez disparaître jusqu'au « prétexte de ces divisions nées de l'erreur, « et dont on ne saurait calculer les déplo- « rables conséquences.

Princi de la co titut. fr. çaise.

« C'est une maxime fondamentale de la « Monarchie française, que si les différens « ordres de citoyens qui composent la na- « tion sont distingués par leurs rangs, ils « sont égaux par leurs droits. Si nos plus « anciens monumens attestent la division « de la totalité des fonds du royaume en « possessions ecclésiastiques, en posses- « sions seigneuriales (1), en possessions

(1) Ce serait une erreur d'attribuer l'origine des justices particulières et des seigneuries au régime féodal; elles remontent aux siècles les plus reculés de la monarchie. L'ordonnance de 595 suppose que quelques Leudes avaient déjà chez eux une juridiction. L'assemblée tenue à Paris en 615, prescrit aux évêques et aux

« communes, et la division du peuple fran-
« çais en trois ordres de citoyens, par les
« mêmes principes constitutifs, ces diffé-
« rentes possessions sont également fran-
« ches, les individus de ces différens or-
« dres également libres, parce que la li-
« berté n'est pas attachée exclusivement à
« telle condition, mais au titre de citoyen
« français, et que la franchise n'est pas une
« prérogative particulière à telle portion
« de terre, mais est essentiellement fondée
« sur le droit de propriété; que ce droit,
« absolu par sa nature, porte nécessaire-
« ment avec lui les mêmes pouvoirs. On
« peut jouir d'une propriété plus ou moins
« étendue, plus ou moins honorifique;
« mais le propriétaire du fonds le plus mé-
« diocre en a la disposition tout aussi en-

seigneurs qui possédaient des seigneuries éloignées de leur domicile, de choisir des hommes du lieu, et non des étrangers, pour y rendre la justice, etc. Voyez, sur cette question, les remarques et preuves des observations sur l'*Histoire de France* de l'abbé Mably, tom. II, chap. 3.

« tière, tout aussi libre, que celle qui « appartient au plus riche sur ses nobles et « vastes possessions.

« Ainsi, dans l'origine, il n'existait au- « cune différence entre les franchises des « différens ordres : leurs dons étaient éga- « lement gratuits : aucun en matière d'im- « pôt ne pouvait prétendre de droit à une « exemption, parce qu'aucun n'y était « de droit assujéti, que les contributions « étaient pour tous également volontai- « res (1), et que les représentans du troi- « sième ordre eussent été tout aussi fondés « à vouloir payer moins que les deux pre- « miers, que les représentans de ceux-ci

(1) Toutes les anciennes ordonnances de nos rois établissent les droits du Tiers-Etat. Nous nous contenterons de citer celle de Charles, régent pendant la détention du roi Jean, son père, du 14 mai 1358.

Art. 20. « Et avons octroié et octroions ausdiz prélaz « et autres gens d'église, nobles, *bonnes villes* et *plaz* « *pays*, et *aus habitanz dudit royaume de ladite Languedoil*, « que les octrois, aydes, dons, subsides et impositions « et gabelles autrefoiz faiz à nostre dit Seigneur, à ses « devanciers, à Nous, en ceste présente aide ne soient

« l'eussent été à prétendre moins payer que « le troisième.

« Mais la liberté acquise à chacun des « trois ordres, de refuser ou de consentir « leurs dons, pouvait introduire des inéga- « lités dans leurs contributions ; il était pos- « sible qu'un ordre accordât un subside que « les autres se détermineraient à refuser. Et « quelque légitime que fût cet assujettisse- « ment volontaire, la nation considéra que « les suites pouvaient en être dangereuses ; « elle craignit que l'inégalité des dons, « même la plus libre dans son principe, « n'affaiblît peu à peu entre les ordres cette « étroite union qui devait assurer la liberté

« traiz ne ramenez à conséquence, à debte ne à servi- « tude, et que en aucune maniere ce ne face, porte ou « engendre à *euls* ne à *aucun d'euls*, ne *à leurs successeurs*, « servitude, dommage ne préjudice, aucun prouffit ne « nouvel droit à nostredit Seigneur, à Nous, ne aux « successeurs de lui et de Nous, en saizine ne en pro- « priété, pour le temps passé et à venir ; et confessons « pour nostredit Seigneur, pour Nous, et pour les suc- « cesseurs de lui et de Nous, *que ce ont-il fait de leur libé- « ralité et courtoisie, et par maniere de pur don.*

« publique. Sa prévoyance lui fit juger que « celui d'entre eux qui aurait volontaire- « rement accordé une imposition particu- « lière, ne pouvait pas mettre le même in- « térêt à défendre les autres contre les ten- « tatives par lesquelles on prétendrait les y « assujétir. Ainsi, la nation assemblée con- « sacra comme un principe fondamental « l'égalité des contributions, en déclarant « non seulement que deux ordres réunis ne « sauraient lier le troisième, mais qu'un im- « pôt ne serait censé accordé, que lorsqu'il « aurait été consenti librement par les trois « ordres.

« Cette déclaration, le garant le plus « assuré des libertés nationales, fut revêtue « de toutes les formalités qui peuvent ca- « ractériser les lois les plus solennelles. La « nation la proposa, et le roi Jean en con- « sacra jusqu'à quatre fois les dispositions « dans son ordonnance (1) du 28 décembre « 1355.

(1) Art. premier. « Lesd. aides cesseroient du tout, « se à ladite journée n'estoient sur ce pourveu par tous

« Pendant la prison de ce Prince, son « fils, à la demande des Etats-Généraux, « confirma les mêmes principes par son or- « donnance (1) de mars 1356.

« Enfin, l'article 135 de celle d'Orléans,

« les trois Estaz *d'un accort et consentement*, ***SENS QUE* « *LA VOIX DES DEUZ ESTAZ PUISSE CON-* « *CLURE LA TIERCE.***

Art. 6. « Selon ce que ordonné sera par touz les « trois Estaz, *d'un accort et consentement, senz ce que les* « *deux Estaz, se ils estoient d'un accort*, ***PEUSSENT* « *LIER LE TIERS.***

Art. 7. « Ils (les trois Etats) pourveoiroient de nous « faire aide convenable, selon ce que bon leur sem- « blera ; de laquelle, *se il n'estoient touz ensemble d'accort*, « la chose demourroit sans détermination.

Art. 27. « Et aussi se au temps à venir Nous avions « autres guerres, ils Nous feront aide convenable, « selon la délibération des trois Estaz, *senz ce que les deux* « *peussent lier le Tiers ;* et se touz les trois Estaz n'es- « toient d'accort ensemble, *la chose demourroit senz dé-* « *termination.*

(1) Art.... « Lesdits trois Estaz pourront croistre, ad- « menuisier, déclairier ou interpréter le fait de ladicte « aide, selon ce que bon leur semblera ; et sera par euls « ordonné d'un accort et consentement ; *senz ce que les* « *deux Estaz, posé qu'ils feussent d'un accort*, ***PEUSSENT* « *LIER LE TIERS.*** »

« de 1560, consacra à jamais l'indépen-
« dance réciproque des différens ordres,
« et celle du Tiers-Etat en particulier.

« Ainsi le Tiers-État, la Noblesse et le
« Clergé, jouissaient des mêmes droits,
« avaient au même degré, comme au même
« titre, l'exercice des libertés et franchises
« nationales.

« Ainsi l'égalité, non celle que réclame
« aujourd'hui le Tiers-Etat, qui ne serait
« qu'un égal esclavage, mais l'égalité des
« franchises et des libertés entre les deux
« ordres, est un droit rigoureusement ac-
« quis au troisième ordre, comme au Clergé
« et à la Noblesse, et qu'il est de toute jus-
« tice de lui restituer; mais qu'il soit assez
« juste, pour ne pas faire un crime aux pre-
« miers ordres d'avoir multiplié leurs ef-
« forts pour conserver quelque trace des
« libertés communes; qu'il cesse de les
« rendre responsables de son asservisse-
« ment, qu'ils n'ont eux-mêmes que trop
« partagé.

« Ce n'est point par le fait du Clergé ni

« de la Noblesse que cette égalité primitive « des ordres a été anéantie : ils n'ont point « établi sur le Tiers-Etat cette taille géné- « rale et perpétuelle, qui, altérant et la na- « ture des choses et leur dénomination, a « changé la propriété commune en roture, « et a imprimé une espèce de flétrissure à « la plus nombreuse partie de la nation « française.

« *Charles VII fut le premier*, dit Co- « mines, *qui gagna ce point d'imposer des* « *tailles à son plaisir, sans le consentement* « *des Etats de son royaume; il chargea son* « *âme et celle de ses successeurs, et mit une* « *terrible plaie sur ce royaume qui long-* « *temps saignera; aussi ne faut s'ébahir s'il* « *pensait n'être point bien voulu, et s'il avait* « *grand peur en cette chose.*

« Telle est l'origine de ce fléau, qui bou- « leversa en quelque sorte toutes les idées « sur les choses et sur les personnes. Avant « l'établissement de la taille, la propriété « commune, moins décorée que la pro- « priété seigneuriale, avait les mêmes fran-

« chises relativement aux impôts. Les sim-
« ples citoyens réunissaient tous les droits
« civils du noble, qui n'était distingué de
« lui que par le rang. Mais depuis l'établis-
« sement de la taille, la propriété com-
« mune devint en quelque sorte l'opposé
« de la propriété noble, comme le nom de
« roturier donné à la classe du Tiers-Etat,
« fut le contraire du titre de noble. La ré-
« volution s'étendit à tout, agit sur tout.
« Suivant la constitution antique, les sei-
« gneuries seules étaient des propriétés no-
« bles ; depuis l'établissement de la taille,
« un chétif fonds de terre, sans juridiction
« ni mouvance (1), fut noble par opposi-

(1) Dans les provinces gouvernées par le droit écrit, la nobilité était réelle. Toutes les portions de terres possédées par la noblesse lors de l'établissement de la taille générale par Charles VII, en furent déchargées, et toutes les propriétés possédées par le Tiers-Etat y furent soumises invariablement ; de manière que dans tout le Languedoc, la Provence, le Dauphiné, etc., c'est le fonds, et non les personnes qui sont exemptes ou assujéties à la taille.

« tion avec un autre fonds de pareille na-
« ture, qui, devenant sujet à la taille, fut
« déclaré roturier.

« La bonté du Roi a daigné mettre en-
« fin un terme aux maux que Charles VII
« avait préparés, en rétablissant la nation
« entière dans les franchises et libertés qui
« lui étaient acquises par la constitution.
« Sa justice en a également rendu l'exer-
« cice à tous les ordres de l'Etat, aux pro-
« priétaires de toutes les classes.

« C'est d'après ces principes, aujourd'hui
« si solennellement reconnus, que nous
« avons, Messieurs, l'honneur de vous
« proposer de prendre, sur le premier ob-
« jet de ce rapport, la délibération que
« votre prudence vous inspirera. Et puisque
« vous nous avez fait un devoir de vous in-
« diquer la marche qui nous paraîtrait pré-
« férable, nous avons pensé que rien ne
« serait plus capable de calmer les esprits,
« de vous mériter la confiance et l'amour
« de vos concitoyens, qu'une reconnais-

« sance formelle de leurs franchises, et une « déclaration précise de vos dispositions et « de vos principes sur cette matière.

Arrêté des Commissaires de la Noblesse.

« Les commissaires de la Noblesse ont « été unanimement d'avis de déclarer que « les premiers ordres tiennent pour maxi- « mes fondamentales de la constitution,

« 1°. Qu'il n'existe réellement que trois « ordres de citoyens, ainsi que trois sortes « de propriétés foncières;

« 2°. Que ces trois ordres, distingués par « leurs rangs, sont égaux par leurs droits, « comme les trois sortes de propriétés sont « également franches;

« 3°. Qu'ainsi la qualification de *roture* « ou de *roturier*, n'a réellement aucune si- « gnification;

« 4°. Que les droits *civils* du dernier ci- « toyen sont égaux à ceux des membres les « plus distingués des premiers ordres;

« 5°. Que le Tiers-Etat a, au même de-

« gré et au même titre que la Noblesse et « le Clergé, le pouvoir de consentir ou de « refuser ses contributions par l'organe de « ses représentans;

« 6°. Que l'établissement de la taille « n'est pas moins destructif des franchises « et libertés communes, que contraire aux « droits inaltérables du Tiers-Etat;

« 7°. Que la prétendue nobilité attachée « à un fonds rural, uniquement parce qu'il « est exempt de la taille, est aussi chimé- « rique que la qualification de roturier don- « née aux fonds soumis à cette imposition « est absurde;

« 8°. Qu'il n'y a réellement de biens no- « bles que les seigneuries, et que ces biens « mêmes, quoique distingués par les préro- « gatives qui y sont attachées, n'ont rela- « tivement aux charges publiques aucun « privilége sur le dernier des fonds de la « commune, les contributions des proprié- « taires de tous les ordres devant être éga- « lement volontaires, puisque le droit de « propriété est pour tous également sacré;

« 9°. Que l'égalité entre les dons des dif-
« férens ordres est de toute justice, mais
« que les moyens pour y parvenir ne sont
« pas indifférens; qu'il importe également
« à tous les ordres que ces moyens s'accor-
« dent avec les principes des franchises et
« libertés communes;

« 10°. Que si, par une générosité mal
« entendue, la Noblesse se soumettait à
« partager la taille pour la rendre moins pe-
« sante au Tiers-Etat, ce serait en quelque
« sorte reconnaître et consacrer en principe
« qu'il y est légitimement assujéti;

« 11°. Que le Tiers-Etat a dès aujourd'hui
« dans ses mains le pouvoir de rétablir cette
« égalité, en usant du droit que sa Majesté
« a reconnu à la nation, de voter librement
« ses subsides;

« 12°. Qu'il est également en son pouvoir
« d'assurer à jamais cette égalité, en récla-
« mant l'exécution des ordonnances de
« 1355, 1356 et 1560, en chargeant ses
« députés particuliers aux Etats-généraux
« de se refuser à tout impôt qui ne serait

« pas également consenti et supporté par « les trois ordres;

« 13°. Qu'en indiquant ce moyen, le « seul conforme aux libertés et franchises « de la nation, comme à la dignité du Tiers-« Etat, les premiers ordres de la province « sont bien éloignés de vouloir diminuer « les ressources du Gouvernement, dans « un moment surtout où ses besoins sont « extrêmes, ni mettre des bornes à leurs « sacrifices en faveur de sa Majesté, que « leur amour pour sa personne, leur recon-« naissance pour ses bienfaits leur rendra « toujours légers quand ils seront volon-» taires;

« Que voulant donner à sa Majesté des « preuves qu'ils ne sont jaloux de lui offrir « leurs dons, qu'afin de lui manifester da-« vantage leur respect et entier dévoue-« ment; voulant convaincre le troisième « ordre, que ce n'est point à contribuer « moins qu'ils mettent leur gloire, mais à « ne contribuer avec lui que ce qu'ils au-« ront librement consenti, ils sont prêts,

« si le Tiers-Etat usant de ses droits se dé-
« cidait à remplacer la taille et ses acces-
« soires par le don gratuit d'une somme
« équivalente à ces impositions, à faire
« contribuer à ce don les biens nobles
« comme les biens ruraux.

Observations et réponses du Tiers-Etat.

« Le Tiers-Etat de la province ne peut,
« sans doute, que remercier la Noblesse,
« d'avoir dès-à-présent reconnu l'égalité de
« ses droits avec ceux des premiers ordres;
« mais il croit qu'il est plus convenable de
« recourir aux Etats-généraux, afin que,
« d'après le concours et l'aveu de toute la
« nation assemblée, et sous le bon plaisir
« du Roi, il rentre, avec le Tiers-Etat de
« tout le royaume, dans l'exercice des li-
« bertés et franchises qui lui sont acquises
« par la constitution.

« Ainsi, quelque généreuse que lui pa-
« raisse l'offre de la Noblesse, le Tiers-

« Etat, d'après les considérations ci-dessus, « ne croit pas devoir, dans le moment ac- « tuel, l'accepter en totalité. Il consent de « continuer à payer les impositions royales « auxquelles les lois générales l'avaient « jusqu'à présent assujéti, mais pour cette « année seulement, et sous la condition « expresse que les Etats-généraux seront « assemblés dans le courant de cette même « année; et qu'à cette époque, ses députés « présenteront le vœu le plus formel pour « que ces lois soient abrogées, et pour qu'il « soit reconnu que ce n'est point par fa- « veur, mais en vertu de ses droits, qu'il « doit être déchargé des impositions qu'il « supporte seul : et sous la réserve égale- « ment expresse, que si les Etats-généraux, « par quelque cause imprévue, n'avaient « pas lieu dans le courant de ladite année, « il réclamerait alors la justice qui lui est « foncièrement due, relativement à ses im- « positions particulières, et ferait valoir ses « droits par tous les moyens que les lois an-

« tiques et les circonstances du moment, « et son respect pour l'autorité du Roi lui « permettraient d'employer.

« Qu'à l'égard de toutes les impositions « provinciales, ou de celle des impositions « royales à laquelle il n'aurait pas été assu- « jéti par aucune loi, il est juste et con- « forme aux principes et aux offres de la « Noblesse, que le poids en soit également « partagé par les biens nobles et les biens « ruraux.

« Se réservant de porter aux Etats-géné- « raux ses demandes et réclamations, pour « que le Clergé et les biens ecclésiastiques « partagent le même sort que les autres « ordres et les autres propriétés de la pro- « vince.

« Nous n'ajouterons, Messieurs, aucune « observation à ces deux mémoires qui se « concilient parfaitement ensemble, et « nous vous proposons de délibérer,

« 1°. Que le rapport de MM. les com- « missaires de la Noblesse et leurs décla-

« tions, les observations et réponses de « MM. les commissaires du Tiers-Etat, se- « ront transcrits sur le procès-verbal ;

« 2°. Que le Tiers-Etat, suivant ses of- « fres, et d'après toutes ses réserves et pro- « testations, auxquelles la Noblesse adhère, « continuera à payer, pour cette année seu- « lement, la taille, les accessoires de cette « imposition, auxquelles par les lois géné- « rales le Tiers-Etat est seul assujéti ;

« 3°. Que tous les frais d'administration « de province, imposés au marc la livre de « la taille, qui pour alléger cet impôt ont « été considérablement réduits l'année der- « nière, seront dès-à-présent, d'après les « offres de la Noblesse, répartis sur les « deux ordres, afin qu'ils soient supportés « par toutes les propriétés ;

« 4° Et attendu que quelques membres « de la Noblesse ont observé que par cette « répartition les biens nobles se trouve- « raient extrêmement grevés, puisqu'ils « paient le dixième de l'imposition des « vingtièmes, quoiqu'ils ne soient réelle-

« ment pas le centième des fonds de la « province, de délibérer qu'il sera nommé « deux commissaires de la Noblesse, et « autant du Tiers-Etat, afin de faire une « appréciation provisoire de la proportion « des biens nobles, comparés avec les biens « ruraux, pour servir de base à la répartition « des impositions pour l'année prochaine, « et jusqu'à ce que le compois (*cadastre*) « général de la province soit effectué.

« Ce qui a été unanimement délibéré, à « l'exception d'un seul membre de l'assem- « blée. »

Après la lecture de ce procès-verbal, il est difficile de ne pas regretter que nos Constituants n'aient pas eu les connaissances, le bon sens et la raison des états de la plus petite et de la plus reculée de nos provinces ; il est certain que par le seul fait de la convocation des Etats-Généraux, de la déclaration par laquelle l'auguste et infortuné Louis XVI avait reconnu dans la nation le droit de consentir les lois et de voter les subsides, l'antique constitution de l'Etat se trouvait pleinement rétablie, et la plus parfaite égalité entre les trois ordres consacrée.

Pour assurer à jamais parmi nous cette liberté et cette égalité, une révolution n'était pas nécessaire : il suffisait d'assurer le retour périodique des Etats-généraux. Mais les apôtres de la philosophie moderne se proposaient un tout autre but : ils voulaient la destruction de la religion, celle de la monarchie, des mœurs et de toute subordination ; ils voulaient la dissolution entière de la société, un nouvel ordre de choses, pour s'emparer de l'autorité, s'enrichir par la spoliation et le pillage : ils n'ont obtenu qu'un trop horrible succès.

antages otre an- ne cons- ion sur sdetous peuples ius.

Quoi qu'il en soit, jamais aucune nation n'eut une constitution aussi *libérale* que celle qui nous était rendue. L'inégalité des conditions, aussi nécessaire dans un vaste empire, que l'inégalité des fortunes dont elle corrige la dureté, était unie à la plus parfaite égalité des droits politiques. L'urbanité française semblait s'être étudiée à adoucir encore les nuances qui séparaient entre eux les différens ordres de citoyens.

Le premier rang que la piété de nos pères avait assigné au Clergé n'avait rien de choquant pour la Noblesse, ni pour le Tiers-Etat, ses membres étant également tirés de ces deux ordres.

Le second rang, acquis à la Noblesse, disparaissait, ainsi que celui du Clergé, toutes les fois qu'il s'agissait d'intérêt réel; c'était la propriété qui déterminait alors la place que l'on devait occuper. Pour siéger aux Etats-généraux, ou concourir à la nomination des députés du Clergé, il ne suffisait pas d'être ecclésiastique, ni même dans les ordres sacrés, il fallait encore avoir une propriété ecclésiastique. Un prêtre sans titre de bénéfice, siégeait dans l'ordre de la Noblesse, s'il possédait un bien noble, et parmi le Tiers-Etat s'il avait une propriété commune. De même pour être admis dans la chambre de la Noblesse, ou concourir aux choix de ceux qui devaient y siéger, il fallait joindre à la qualité personnelle de noble une propriété noble, et l'homme de la plus illustre naissance, s'il ne possédait qu'un bien rural, qu'un simple domaine, était membre naturel de l'assemblée de la commune de son domicile ou de sa propriété; et siégeait sans aucune honte parmi le Tiers-Etat.

Si l'on compare maintenant cette constitution, où le vœu national était le résultat de l'accord de trois Chambres également nationales, de trois Chambres égales en droits, unies par les mêmes intérêts, avec la constitution de nos voisins, où la Chambre des pairs se trouve accidentellement interposée dans la législation, pour modérer les trop rapides déterminations d'une seule assemblée, on ne balancera pas, sans doute, à lui donner la préférence.

Mais, on voudrait en vain se le dissimuler, les premiers élémens de cette constitution n'existent plus parmi nous. Toutes les propriétés étant aujourd'hui, en France, de même nature, par les principes mêmes de notre antique constitution, nous nous trouvons ramenés à n'avoir plus qu'une seule Chambre nationale; mais ne souffrons pas, du moins, que les niveleurs détruisent parmi nous l'institution de la noblesse, qui, imposant de véritables devoirs, ne donne qu'une récompense d'opinion. Cette institution n'a pas seulement l'avantage d'adoucir l'inégalité si dure qu'introduit celle des fortunes; elle a une salutaire influence sur les mœurs et sur le caractère national: c'est à elle que les Français ont dû cet esprit de désintéressement et de chevalerie qui les a si long-temps distingués. Chez une nation où, de toute antiquité, il existe des prééminences et des honneurs indépendans de la fortune, uniquement attachés à une condition qui suppose, et par là même inspire des sentimens nobles et élevés, l'esprit national prendra de proche en proche ce même caractère. Mais partout où il suffira à un banquier, un négociant, un agioteur de faire fortune pour parvenir subitement, et sans intermédiaire, aux plus grands honneurs, aux plus hautes dignités, récompenses dues seulement aux grands services, l'argent sera tout, l'amour du gain, l'avidité la plus sordide deviendra bientôt le caractère national.

Conclusion Concluons donc, de tout ce qui précède, une grande vérité, savoir : que les articles vraiment constitutionnels de la Charte royale, ceux qui définissent essentiellement les libertés nationales, ne sont que l'expression de nos antiques institutions. Ne souffrons pas, qu'à la honte éternelle de la France, les auteurs des noyades de Nantes, des massacres de Lyon, de la glacière d'Avignon, et de tant d'autres horreurs, se vantent d'avoir été les fondateurs, parmi nous, de la liberté publique. L'honneur en est dû à la mémoire à jamais chère et vénérée de l'infortuné Louis XVI, qui, en convoquant les Etats-généraux, nous rétablit, par là même, dans tous nos droits ; bienfait que les révolutionnaires ont tourné contre leur patrie, et qu'ils ont payé par un parricide; l'honneur en est dû à LOUIS XVIII, qui, réunissant les membres épars de notre antique monarchie, a rendu l'existence et la vie à celles de nos anciennes et louables institutions, que pouvait permettre notre situation présente; et s'il est donné à des sujets de partager, avec ces têtes augustes, l'honneur d'y avoir concouru, cet honneur appartient au clergé, à la noblesse, aux Parlemens, aux vrais et fidèles royalistes qui, dans un temps où la puissance royale paraissait si absolue, ont osé réclamer, avec une noble et respectueuse fermeté, nos immunités nationales, en rappeler les principes, et bientôt après ont sacrifié et leurs biens et leurs vies, pour défendre, contre les factieux, les légitimes prérogatives de la couronne.

Tels sont les véritables et dignes défenseurs de la liberté en France. Quant aux hommes de la révolution, à ces hommes à idées libérales, le monde entier connaît leur conduite. Après avoir détruit dans le peuple toute idée religieuse, de subordination et de morale, après avoir changé vingt fois de couleurs et de partis, après avoir couvert la France de sang et de boue, et sacrifié, au nom de la liberté, cinq cent mille Français fidèles à leur roi légitime, nous les avons vu prodiguer les plus serviles hommages au tyran de leur patrie, devenir les instrumens de son effroyable despotisme; et maintenant ces mêmes hommes ne rougissent pas de se présenter, à nos yeux, pour les vrais amis de la liberté, pour les seuls dépositaires du pouvoir, que l'autorité royale puisse offrir comme garans de sa loyale intention de maintenir fidèlement sa charte.

Le dirai-je? Ce n'est point l'excès d'effronterie de ces grands criminels qui m'étonne. Ce qui me confond, c'est l'espèce de considération, la réputation d'habileté, dont jouissent des hommes, qui ont changé vingt fois d'opinions et de livrées, qui n'ont d'autre mérite que la modération qu'ils ont successivement portée dans toutes leurs erreurs : voilà ceux qu'une partie du public porte et désigne à toutes les grandes places ; tandis qu'il paraît convenu d'écarter, comme incapables, tous ceux qu'un sens droit, autant qu'un sentiment d'honneur et de probité, a constamment maintenus dans la ligne de la raison et du devoir, à laquelle, cependant, il nous a fallu enfin revenir.

Cette question de savoir à qui des royalistes fidèles, ou des hommes de la révolution, la prérogative royale doit confier l'exercice de ses pouvoirs, semble, au premier coup d'œil, ne devoir intéresser que quelques ambitions individuelles ; cependant je ne crains pas de dire que le sort futur de la France et celui du trône dépend du parti que l'autorité prendra à cet égard.

Je supposerai, si l'on veut, que les hommes qui ont plus ou moins servi la révolution, sont aujourd'hui tout aussi sincèrement dévoués à la maison de Bourbon que les plus fidèles royalistes. Je supposerai encore que les mêmes hommes que leurs prétendues idées libérales n'ont point empêché de se mettre au service de Bonaparte, sont tout aussi attachés aux principes de nos libertés, que les vrais royalistes, qui les regardent et les respectent comme une tradition de leurs pères. Alors même, il existerait toujours dans la manière de professer la même doctrine, une différence bien essentielle; car, tandis que les royalistes présenteront la charte de Louis XVIII comme la simple expression de nos antiques libertés nationales que Louis XVI nous avait rendues, dont la révolution nous a empêché de jouir, et que nous tenons une seconde fois de Louis XVIII; les révolutionnaires présenteront ces mêmes libertés, comme leur propre ouvrage, comme une heureuse conquête qu'ils ont faite sur l'autorité royale, enfin, comme un bienfait de la révolution.

Je n'ai pas besoin d'observer l'utile ou

la dangereuse influence que doit avoir, sur l'esprit du peuple, l'une ou l'autre de ces deux manières de présenter l'origine de nos libertés. La première doit ajouter à l'horreur du plus exécrable parricide ; la seconde semble offrir d'avantageuses compensations aux plus détestables forfaits.

A ce danger si grave, j'en joins un autre dont nous avons déjà deux fois ressenti les terribles effets. L'élévation des hommes de la révolution aux places les plus éminentes, suppose dans l'autorité un sentiment profond de sa faiblesse. La masse du peuple ne pouvant croire que cette autorité puisse donner une préférence volontaire aux hommes qui furent si longtemps ses ennemis, sur ceux qui ont tout sacrifié pour lui rester fidèles, hésite à se dévouer entièrement à un ordre de choses qui ne lui paraît point encore suffisamment affermi.

Ce n'est pas tout : les hommes de la révolution, devenus les dépositaires du pouvoir, éprouvent, de leur côté, une défiance personnelle, que nourrit sans cesse le souvenir de leurs crimes ou de leurs torts envers la royauté. Ainsi que le public, ils ne peuvent attribuer leur propre élévation qu'à la nécessité des circonstances et aux embarras du moment. L'époque de l'affermissement du trône leur paraissant devoir être celle du terme de leur puissance, tous leurs efforts doivent être employés pour l'éloigner; leur habileté doit tendre à créer des oppositions; à nourrir et fomenter les divisions entre tous les partis; et l'on ne peut se le dissimuler, c'est à cette criminelle politique, au déplorable état de faiblesse dans lequel elle avait placé l'autorité, immédiatement après la première restauration, qu'est due l'audacieuse entreprise de Bonaparte et son succès. C'est encore cette criminelle politique, qui, sous la seconde restauration, nous précipitait, avec une si effrayante rapidité, vers une bien plus terrible catastrophe, lorsque la prochaine réunion de nos sages et loyaux Députés est venue arrêter la monarchie sur les bords de l'abîme.

Nous ne verrons plus, sans doute, nos destinées confiées à de grands coupables : mais cet amendement ne suffit point ; un fatal préjugé semble écarter des affaires des hommes d'un vrai mérite, les royalistes prononcés, religieux et d'une réputation sans tache : l'austérité de leur vertu effraye le public, comme celle du Chancelier de l'Hôpital effrayait autrefois la cour corrompue de Charles IX. Quand une nation est démoralisée à ce point, elle est bien malade, et c'est alors qu'il devient plus indispensable d'appeler à la tête des affaires ces hommes dont les vertus sont l'objet de nos craintes.

Nos libertés sont aujourd'hui généralement connues et appréciées ; elles sont également chères à tous les partis. Personne, en France, ne peut vouloir être assujetti à des lois, des impositions ou des ordres arbitraires, et chacun sent également que le plus fort garant de ces libertés est l'existence d'une représentation nationale ; il ne peut donc rester désormais entre nous aucun principe réel de dissension sur les matières politiques ; mais le bonheur et la prospérité des empires ne reposent pas uniquement sur des lois positives. Les plus solides fondemens de la société sont le respect pour la religion de l'État, la morale publique, les principes d'ordre et de subordination, les idées d'équité et de justice ; or, toutes les utiles institutions, tous les bons et louables sentimens, la révolution les a généralement détruits ou corrompus. Elle a bouleversé toute idée du juste et de l'injuste. Rien n'est si commun, que de rencontrer des hommes, étrangers en apparence à la révolution, qui lui tiennent plus étroitement qu'on ne pense, par leur attachement à la philosophie moderne ; des hommes qui regardent cette révolution, dont ils détestent les excès, comme ayant favorisé le progrès des lumières ; qui regardent l'indifférence sur toute croyance religieuse, comme une des principales preuves de ce progrès.

L'appel de pareils hommes dans le gouvernement, et surtout l'exclusion donnée aux hommes capables, mais connus par leurs principes religieux, doit avoir nécessairement une très-dangereuse influence; le public y voit un coupable ménagement pour l'esprit d'irréligion et d'immoralité, porté parmi nous à son comble; esprit qu'il est du devoir comme de l'intérêt du gouvernement de détruire, parce que la religion, les principes de morale, sont à-la-fois les seuls gages certains du bonheur du peuple et de sa fidélité à l'autorité légitime.

Les acquéreurs des domaines nationaux regardent la religion comme leur ennemie personnelle, ils multiplieront sans doute les obstacles à son rétablissement. Mais les obstacles ne doivent point détourner de cette importante entreprise. Le repos et la tranquillité de l'Etat peuvent exiger que l'on n'inquiète point les détenteurs du patrimoine d'une infinité de familles intéressantes autant qu'estimables : ce sont là des malheurs particuliers qui doivent céder au bien général. Les mêmes considérations peuvent exiger encore de mettre à la charge de l'État les frais énormes du culte catholique, des hôpitaux, des maisons des veuves ou des orphelins, etc., dont la plupart des propriétés ont été acquises à vil prix : que ces détenteurs les gardent donc et en jouissent sans contestation et sans trouble, si le repos et la tranquillité publique en font une loi ; mais n'oublions pas aussi que le bien, ou plutôt le salut même de l'Etat, commande de ne pas sacrifier à de vains ménagemens pour eux ni à aucune autre considération les heureux fruits que le peuple français et son gouvernement doivent recueillir du rétablissement de la religion et de la morale.

Il ne faut pas perdre de vue, néanmoins, que plus un objet est important, plus aussi il faut apporter pour l'opérer avec fruit, de lenteur, de maturité, et de prudence. Le moment présent ne me paraît pas permettre de prendre cette grande affaire en considération; et la première session de cette législature aura, ce me semble, complétement justifié le vœu et les espérances de tous les bons Français et de tous les hommes raisonnables, si elle a la sagesse de borner ses soins à porter au trône l'appui dont il a besoin, pour comprimer les ennemis de notre tranquillité; si elle a sondé les plaies de l'État, étudié les abus qui se sont glissés dans les différentes branches de l'administration; si elle en a corrigé quelques-uns; si, enfin, elle est parvenue à pourvoir aux charges accablantes du moment.

FIN.

ADRIEN ÉGRON, IMPRIMEUR,
DE S. A. R. MONSEIGNEUR, DUC D'ANGOULÊME,
rue des Noyers, n°. 37.

www.ingramcontent.com/pod-product-compliance
Ingram Content Group UK Ltd.
Pitfield, Milton Keynes, MK11 3LW, UK
UKHW020249250726
13967UKWH00004B/1582